Retratos

Truman Capote

Retratos

Traducciones de Mauricio Bach,
Benito Gómez Ibáñez y Francesc Roca

EDITORIAL ANAGRAMA
BARCELONA

Ilustración: © Federico Yankelevich

Primera edición en «Panorama de narrativas»: febrero 1995
Primera edición en «Compactos»: noviembre 2000
Octava edición en «Compactos»: junio 2025

Diseño de la colección: Julio Vivas

ISBN: 978-84-339-2916-7
Depósito legal: B. 4466-2025

Printed in Spain

Liberdúplex, S. L. U., ctra. BV 2249, km 7,4 - Polígono Torrentfondo
08791 Sant Llorenç d'Hortons

EL DUQUE EN SUS DOMINIOS (1956)

La mayoría de las muchachas japonesas se ríen tontamente por nada. La pequeña criada del Hotel Miyako, en Kioto, no fue una excepción. La hilaridad, y las tentativas por suprimirla, enrojecieron sus mejillas (al contrario que los chinos, el rostro de los japoneses por lo general tiene bastante color), y sacudieron su figura rolliza, envuelta en un kimono estampado con motivos de peonías y pensamientos. No había ninguna razón especial para su alegría. La hilaridad japonesa funciona sin motivo aparente. Solo le había pedido que me dijera cómo llegar a cierta habitación. «¿Vino ver Marron?», dijo, casi sin aliento, mientras mostraba, como tantos de sus compatriotas, un despliegue de dientes de oro. Luego, con pasos diminutos, como de pies con dedos de paloma que se desliza, propios de quien luce un kimono, me condujo por un laberinto de corredores mientras decía: «Yo llamo usted puerta Marron». El sonido de la ele no existe en japonés, y la criada decía «Marron» en vez de Marlon, Marlon Brando, el actor norteamericano, que por aquel entonces estaba en Kioto participando en el rodaje de la versión cinematográfica de la novela *Sayonara*, de James Michener, que producía William Goetz para la Warner Brothers.

Mi guía llamó a la puerta, gritó «¡Marron!», y desapareció por el corredor; las mangas de su kimono se agitaban como si fueran las alas de una cotorra australiana. Abrió la puerta otra criada del Miyako, delicada como una muñeca, que inmediatamente sucumbió a su inevitable ataque de extraña histeria.

–¿Qué pasa, encanto? –preguntó Brando en voz alta desde una habitación interior.

Pero la chica, que había cerrado los ojos por la alegre risa y se había metido las manos regordetas en la boca, como un bebé chillón, fue incapaz de responder.

–¡Eh, encanto!, ¿qué pasa? –volvió a preguntar Brando, y apareció en la puerta–. Oh, hola –dijo al verme–. Son las siete, ¿eh? –Habíamos quedado en cenar a las siete, y yo llegaba con casi veinte minutos de retraso–. Pues quítese los zapatos y entre. Enseguida termino. Y tú, encanto –le dijo a la criada–, tráenos hielo. –Luego, contemplando a la chica, que se marchó corriendo, puso las manos sobre las caderas y, sonriendo, dijo–: Me gustan. Me gustan, de verdad. Los niños también. ¿No le parecen maravillosos los niños japoneses, no le roban el corazón?

El Miyako, donde se alojaba casi la mitad de la compañía de *Sayonara*, es el hotel más destacado, entre los llamados occidentales, de Kioto. La mayoría de las habitaciones están amuebladas a la europea, con sillas y mesas, camas y divanes, muy resistentes, aunque ordinarios e incómodos. Pero para la conveniencia de los huéspedes japoneses, que prefieren su decoración tradicional, si bien desean el prestigio que da alojarse en el Miyako, o de esos viajeros extranjeros ávidos de una atmósfera auténtica aunque poco dispuestos a soportar los rigores sin calefacción de una verdadera posada japonesa, el Miyako tiene algunas suites decoradas a la manera tradicional, y era una de estas la que ocupaba Brando. Constaba de dos habitaciones, un cuarto de baño y un porche-solario con paredes acristaladas. Sin el desorden de las pertenencias personales de Brando, diseminadas por todas partes, las habitaciones habrían sido ilustraciones propias de un manual de decoración de la afición japonesa por la ostentosa escasez de muebles. Los suelos estaban cubiertos con parduscas esteras, llamadas tatamis, y varios almohadones de seda cruda; una pintura sobre papel que representaba carpas doradas nadando colgaba en un nicho de la pared, y debajo, sobre una mesita, había un jarrón lleno de lirios y hojas rojas, dispuestos un tanto al azar. La habitación más grande –la interior–, que Brando usaba como oficina, aunque también comía y dormía en ella, contenía una larga mesa baja lacada, y un futón. En estas habitaciones podían observarse las diferencias entre la decoración japonesa y la occidental: la primera trata de impresionar mediante la modestia en la exhibición de lo que se posee, mientras que la otra pretende exactamente lo opuesto. Brando no parecía dispuesto a utilizar los armarios que había en la suite, ocultos tras puertas correderas de papel. Todo lo que poseía estaba en exposición. Camisas, listas para la lavandería, así como calcetines; zapatos y jerséis; chaquetas, sombreros y corbatas colgaban por todas partes como el vestuario de un espantapájaros desmantelado. Y cámaras fotográficas, una máquina de escribir, una grabadora, y una estufa eléctrica que funcionaba con asfixiante eficacia. Aquí y allá había pedazos de fruta a medio comer, y una caja de las famosas fresas japonesas, cada una del tamaño de un huevo. Y libros, una selección de libros profundos, entre los cuales vi *El desplazado*, de Colin Wilson, y varias obras sobre oración budista, meditación zen, yoga y misticismo hindú, pero ninguna novela, porque Brando no lee novelas. Dice que no ha abierto una novela desde el 3 de abril de 1924, el día en que nació, en Omaha, estado de Nebraska. Pero si bien no le gusta leer obras de ficción, está interesado en escribirlas, y la larga mesa lacada estaba cubierta de ceniceros desbordantes de colillas y montones de páginas de su esfuerzo creativo más reciente, que es un guión cinematográfico titulado *A Burst of Vermilion*.

En realidad, Brando estaba trabajando en su guión en el momento de mi llegada. Cuando entré, un hombre más bien joven, de aspecto servil, a quien llamaré Murray, y que con anterioridad me había sido descrito como «el hombre que está ayudando a Brando con el libro», estaba sentado sobre un tatami, hojeando el guión de *A Burst of Vermilion*. Sopesando unas páginas, dijo:

–¿Qué te parece, Mar, si reviso esto en mi cuarto y nos volvemos a ver a eso de las diez y media?

Brando puso mala cara, como si le molestara volver a trabajar más tarde. Había estado ligeramente indispuesto, según me enteré después, por lo que había pasado el día en la habitación, y ahora parecía inquieto.

–¿Qué es esto? –preguntó señalando un par de paquetes entre los papeles, sobre la mesa lacada.

Murray se encogió de hombros. Los había traído la criada; eso era todo lo que sabía.

–La gente siempre le está enviando regalos a Mar –me dijo–. Muchísimas veces no sabemos siquiera de quién son. ¿Verdad, Mar?

–Sí –dijo Brando, que había empezado a abrir los paquetes, los cuales, como todos los paquetes japoneses, incluyendo las compras más comunes hechas en cualquier tienda, estaban hermosamente envueltos. Uno contenía dulces, el otro pastelillos de arroz, que resultaron ser duros como cemento, aunque parecían nubes de algodón. En ninguno de los paquetes había tarjeta identificando al donante–. Cada vez que te das la vuelta, te encuentras con un japonés haciéndote un regalo. Les enloquece regalar –observó Brando, que se puso a masticar atléticamente un pastelillo antes de pasarnos la caja a Murray y a mí.

Murray meneó la cabeza; solo le interesaba obtener la promesa de Brando de volverse a reunir a las diez y media.

–Llámame a esa hora –dijo Brando, por último–. Veremos qué pasa.

Murray, según me habían dicho, era uno de los integrantes de lo que algunos de los que intervenían en el rodaje de *Sayonara* llamaban «la pandilla de Brando».

Además del asistente literario, la integraban Marlon Brando padre, que actúa como administrador de los intereses de su hijo, una bonita secretaria de pelo negro, la señorita Levin, y el maquillador privado de Brando. Los gastos de viaje de este séquito, y todos sus gastos cuando están rodando en escenarios naturales, se hallan incluidos en el contrato del actor y corren por cuenta de Warner Brothers. Al contrario de la leyenda, los estudios cinematográficos no suelen ser tan pródigos financieramente. Un empleado de la Warner con quien hablé más tarde me explicó la excepción hecha en el caso de Brando diciendo: «Comúnmente, no aceptaríamos tantas exigencias. Excepto que..., bueno, esta película necesitaba una gran estrella. Una estrella, eso es lo único que cuenta en taquilla».

Entre los que intervenían en el rodaje había quienes creían que la protección social que ejercía alrededor de Brando su círculo de empleados no les permitía «llegar a conocer al hombre» tan bien como hubieran querido.

Hacía más de un mes que Brando estaba en el Japón, y en ese tiempo había dado la impresión en el estudio de ser un joven distinguido, ligeramente desmañado, amable, siempre listo a cooperar con sus compañeros de trabajo, incluso a darles ánimo (particularmente a los actores), pero que por lo general no hacía vida social y prefería, durante los tediosos momentos de calma entre escena y escena, permanecer a solas leyendo filosofía o escribiendo en un cuaderno de colegial. Después del trabajo, en lugar de aceptar las invitaciones de sus colegas y unirse a ellos para ir a tomar un trago, comer un plato de pescado crudo en un restaurante o dar una vuelta por el antiguo barrio de geishas de Kioto, en lugar de contribuir con su presencia a crear la atmósfera de camaradería y de ser una gran familia que teóricamente origina el rodaje de películas en lugares alejados de los estudios, regresaba a su hotel y se quedaba allí. Como los admiradores más fanáticos de las estrellas de cine son los que trabajan en la industria cinematográfica, Brando era de inmenso interés para los integrantes del grupo de *Sayonara*, y ese interés aumentó a causa de que su actitud de amistosa lejanía produjo, ante esa curiosidad, ávidas frustraciones. Hasta el director de la película, Joshua Logan, no pudo menos que decir, después de trabajar con Brando durante dos semanas: «Marlon es la persona más excitante que he conocido desde la Garbo. Un genio. Pero no sé cómo es. No sé nada acerca de él».

La criada había vuelto a entrar en la habitación, y Murray, al salir, casi tropezó con la cola de su kimono. La chica dejó un recipiente con hielo y, con una vehemencia, una risita y una alegría que hacían que sus pequeños pies, que parecían pezuñas dentro de sus sandalias, se levantaran y bajaran como los de un pony haciendo cabriolas, anunció:

–¡Pastel de manzanas! ¡Esta noche en menú pastel de manzanas!

–¡Pastel de manzanas! ¡Eso es todo lo que necesito! –gritó Brando. Luego se tumbó en el suelo y se aflojó el cinturón, que se hundía demasiado en su abultado estómago–. Se supone que estoy a dieta. Pero lo único que tengo ganas de comer es pastel de manzanas y cosas así.

Seis semanas atrás, en California, Logan le había dicho que tenía que perder cinco kilos para su papel en *Sayonara*, y antes de llegar a Kioto había logrado rebajar tres y medio. Desde su llegada al Japón, sin embargo, tentado no solo por el pastel de manzanas norteamericano sino también por la cocina japonesa, que insiste deliciosamente en los dulces, las féculas y los fritos, había vuelto a ganar lo perdido, y luego engordó tres kilos y medio más. Ahora, mientras se aflojaba el cinturón y se acariciaba el abdomen pensativamente, estudió el menú, que ofrecía, en inglés, una amplia selección de platos occidentales, y después de decirse «Tengo que perder unos kilos», pidió sopa, un bistec con guarnición de patatas fritas y tres verduras, un plato de fideos, bollos y mantequilla, una botella de sake, ensalada y queso con galletitas.

–¿Y pastel de manzanas, Marron?

Suspiró.

–Con helado, encanto.

Aunque Brando no es abstemio, su apetito es más frugal cuando se trata del alcohol. Mientras aguardábamos la cena, que iba a ser servida en la habitación, me sirvió un generoso vaso de vodka con hielo, pero él solo tomó un traguito, por cortesía. Volviendo a acomodarse en el suelo, apoyó la cabeza en una almohada, dejó caer los párpados, luego cerró los ojos. Parecía que se había adormilado, y que tenía un sueño perturbador; le temblaban los párpados, y cuando habló, su voz (una voz nada emotiva, en cierta manera estudiada y dulce, y sin embargo sorprendentemente adolescente, una voz inquisitiva, penetrante, de muchacho) pareció venir de letárgicas distancias.

–Los últimos ocho o nueve años de mi vida han sido un desastre –dijo–. Quizá los últimos dos han sido un poquito mejores. No tan agitados. ¿Le han psicoanalizado? Al principio tenía miedo. Tenía miedo de que destruyera los impulsos que hacen creativo a un artista. Una persona sensible recibe cincuenta impresiones mientras que cualquier otra recibiría solo siete. Las personas sensibles son muy vulnerables; pueden sentirse tratadas con crueldad y sentirse heridas muy fácilmente porque son sensibles. Cuanto más sensible es uno, más seguro es que sienta la crueldad ajena y trate de inmunizarse contra ella levantando barreras. No evolucionas. No te permites el lujo de sentir nada, porque siempre sientes en exceso. El psicoanálisis ayuda. Me ayudó. Sin embargo, durante los últimos ocho o nueve años he vivido lleno de confusión, hecho un desastre...

La voz siguió hablando, como si solo tratara de escucharse a sí misma, y este es un efecto que tiene a menudo la voz de Brando, porque como la de tantas personas intensamente absorbidas por su yo, su conversación es un monólogo, hecho que él reconoce y para el cual da una explicación propia.

–La gente que me rodea nunca dice nada –observa–. Parece que lo único que les importa es oír lo que tengo que decir. Por eso hablo siempre.

Al mirarle ahora, con los ojos cerrados y el rostro blanco y liso, sin arrugas, bajo una luz que venía del techo, sentí como si volviera a vivir el momento de mi encuentro inicial con él. Ocurrió en 1947; era una tarde de invierno en Nueva York, donde tuve ocasión de asistir a un ensayo de *Un tranvía llamado deseo*, de Tennessee Williams, obra en que Brando hacía el papel de Stanley Kowalski. Fue el papel que le dio la fama, aunque ya había atraído la atención de los expertos dentro del círculo teatral de Nueva York, gracias a su trabajo como alumno de las clases de arte dramático de Stella Adler y unas pocas actuaciones en Broadway, una de ellas en una obra de Maxwell Anderson, *Truckline Cafe*, y otra como Marchbanks,[1] junto a Katharine Cornell como Candida, donde actuó con un talento que fue muy elogiado y discutido. Elia Kazan, el director de *Un tranvía llamado deseo*, dijo entonces algo que repitió recientemente: «Marlon es el mejor actor del mundo». Pero hace diez años, aquella tarde que recuerdo ahora, todavía era relativamente desconocido. Por lo menos, yo no tenía idea de quién podía ser cuando, al llegar demasiado temprano para el ensayo de *Un tranvía...*, encontré que el teatro estaba desierto y en el escenario había un joven robusto tirado encima de una mesa bajo el débil resplandor de las luces de trabajo, completamente dormido. Debido a que llevaba una camiseta y tejanos y a su físico de culturista (los brazos de levantador de pesas, el torso de atleta), y a pesar de que sobre su pecho descansaba un tomo abierto de las obras esenciales de Sigmund Freud, le tomé por un

1. Protagonista de *Candida*, de George Bernard Shaw. *(N. del T.)*

tramoyista. Hasta que miré bien la cara. Era igual que si al robusto cuerpo le hubieran agregado la cabeza de un extraño, como sucede en ciertas fotografías arregladas. Porque aquella cara no era dura, y superponía un refinamiento y una amabilidad casi angélicos a una apostura basada en fuertes mandíbulas: la piel tirante, una frente alta y amplia, los ojos bien separados, una nariz aguileña, los labios llenos, con una expresión sensual y relajada. Ni la menor sugerencia del tan poco poético Kowalski de Williams. Por eso fue una verdadera experiencia ver, más tarde, con qué facilidad de camaleón Brando adquiría el aspecto cruel y llamativo del personaje, con qué perfección, como una astuta salamandra, se metía en el papel y su propia personalidad se evaporaba, de igual manera que, en la habitación del hotel de Kioto nueve años después, mi recuerdo del Brando de 1947 desaparecía siendo reemplazado por su ser real de 1956. Y el Brando actual, descansando sobre el tatami, fumando plácidamente cigarrillos con filtro mientras hablaba y hablaba, era, por supuesto, una persona diferente, tenía que serlo. Tenía el cuerpo más grueso y la frente más alta, ya que había perdido pelo; era más rico (de los productores de *Sayonara* podía esperar un salario de trescientos mil dólares, además de un porcentaje de las ganancias de la película), y se había convertido, como dijo un periodista, en «el Valentino de la generación del bebop»; había llegado a ser una celebridad mundial, y cuando salía en el Japón no solo tenía que esconder la cara tras gafas negras, sino tras una máscara de gasa de cirujano. (Esta máscara no es tan *outré* en el Japón como puede parecer, ya que muchos asiáticos las usan a fin de evitar los gérmenes.) Esas eran algunas de las alteraciones hechas por una década. Había otras. Sus ojos habían cambiado. Aunque su color de *caffè espresso* era el mismo, la timidez, los rasgos de vulnerabilidad que tenían antaño, habían desaparecido. Ahora miraba con seguridad, con lo que solo podría llamarse una expresión conmiserativa, como si habitara en esferas iluminadas a las que los demás mortales, muy a pesar de Brando, no tuvieran acceso. (Las reacciones de la gente sujeta a esta mirada de constante conmiseración van desde la de una joven actriz que reconoció que «Marlon es realmente una persona muy espiritual, sabia y muy sincera; se le nota en los ojos», a la de un conocido de Brando que dijo: «La manera como mira a la gente, igual que si le tuviera lástima, ¿no le da ganas de cortarle el pescuezo?».) No obstante, aquella cualidad sutilmente tierna de su rostro subsiste. O casi. Porque en los años que pasaron desde la primera vez que le vi ha tenido un accidente que dio a su cara un aspecto más convencionalmente masculino. Se rompió la nariz. Me las arreglé para meter baza en su monólogo y preguntarle cómo ocurrió.

–... y eso no quiere decir que siempre esté triste. Recuerdo un mes de abril en Sicilia. Un día de calor, con flores por todas partes. Me gustan las flores, las que tienen aroma. Las gardenias. Bueno, el caso es que estábamos en abril y me hallaba en Sicilia, así que me fui a dar una vuelta, yo solo. Me tumbé en un campo lleno de flores. Me dormí. Eso me hizo feliz. Fui feliz entonces. ¿Qué? ¿Dijo algo?

–Le he preguntado cómo se rompió la nariz.

Se la frotó y sonrió, igual que si recordara una experiencia tan feliz como la siesta en Sicilia.

–De eso hace mucho tiempo. Fue boxeando. Fue cuando hacía *Un tranvía...* Los muchachos que trabajaban entre bastidores y yo solíamos ir a la sala de calderas del teatro, donde bromeábamos y jugábamos. Una noche, estaba haciendo como que boxeaba con uno de ellos, y, ¡zas! Así que me puse la chaqueta y fui andando hasta el hospital más cercano, que quedaba en alguna parte de Broadway. Mi nariz estaba bastante mal. Tuvieron que darme anestesia para curarla, y me ingresaron. No lo lamenté. Hacía un año que *Un tranvía...* estaba en cartel, y ya me había hartado de esa obra. Pero la nariz se me curó bastante pronto, y supongo que habría vuelto al escenario enseguida si no le hubiera hecho lo que le hice a Irene Selznick. –Sonrió más ampliamente al mencionar a la señora Selznick, que era la productora de la obra de Williams–. Irene Selznick es una mujer muy astuta. Cuando quiere algo, no para hasta conseguirlo. Y quería que yo volviera a actuar en la obra. Pero cuando me enteré de que iba a venir al hospital, me puse a trabajar con un poco de yodo, vendas y mercromina, y, ¡diantre!, cuando entró en la habitación, yo tenía un aspecto terrible, como si me hubieran cortado la cabeza, por lo menos. Y hablaba como si me estuviera muriendo. «¡Oh, Marlon!», dijo. «¡Pobre, pobre muchacho!» Y yo le dije: «No te aflijas por mí, Irene. Esta misma noche vuelvo al teatro». Y ella me contestó: «¡Ni lo sueñes! Nos arreglaremos sin ti... bueno, unos días más». «¡No, no!», dije. «Estoy bien. Quiero trabajar. Diles que volveré esta noche.»

Entonces ella dijo: «No estás en condiciones, querido. Te prohíbo que vuelvas al teatro». Así que me quedé en el hospital, y me divertí mucho.

(La señora Selznick, recordando el incidente hace poco, dijo: «No le arreglaron la nariz bien. De repente tenía la cara cambiada. Parecía un hombre duro. Durante meses no paré de decirle: "Te han arruinado la cara. Tienes que hacerte romper la nariz de nuevo, para que te la arreglen". Por suerte para él, no me escuchó. Porque, sinceramente, creo que esa nariz rota le hizo ganar una fortuna en el cine. Le dio *sex appeal.* Era demasiado hermoso antes».)

Brando viajó por primera vez a la costa del Pacífico en 1949, cuando fue a hacer el papel de protagonista en *Hombres*, una película acerca de veteranos de guerra que habían quedado parapléjicos. Entonces le acusaron de ser tosco y carecer de buenos modales, y le criticaron por su afición a llevar siempre cazadoras de cuero, así como porque prefería las motocicletas a los Jaguar y las secretarias que nadie conocía a las aspirantes al estrellato. Además, los columnistas de Hollywood no ahorraron los comentarios hostiles acerca de su actitud para con la industria del cine, que él mismo resumió diciendo: «La única razón por la que estoy aquí es porque aún carezco del valor moral de rechazar el dinero». En las entrevistas, repetidas veces dijo que llegar a ser «simplemente un actor de cine» estaba muy lejos de sus ambiciones. «Podré hacer una película de vez en cuando», dijo en una ocasión, «pero me interesa sobre todo trabajar en el teatro.» Sin embargo, después de *Hombres*, que más que un éxito de taquilla fue un *succès d'estime*, interpretó a Kowalski en la versión cinematográfica de *Un tranvía llamado deseo*, y este papel, igual que había pasado en Broadway, le hizo famoso como estrella de cine. (Según una definición práctica, una estrella de cine es cualquier intérprete que logra siempre una buena taquilla, dejando de lado la calidad de la película en la que actúa; la raza es tan escasa, que hoy hay menos de diez actores en esta categoría. Brando es uno de ellos; como atracción taquillera, entre los hombres, tal vez solo le supere William Holden.) En los últimos cinco años ha sido un revolucionario mexicano (*¡Viva Zapata!*), Marco Antonio (*Julio César*), un delincuente juvenil loco por las motocicletas (*¡Salvaje!*); ganó un Óscar con el papel de un matón de los muelles (*La ley del silencio*); representó a Napoleón (*Desirée*); cantó y bailó haciendo el papel de un delincuente adulto (*Ellos y ellas*), y representó al intérprete de Okinawa en *La casa de té de la luna de agosto*, que, igual que *Sayonara*, su décima película, fue rodada en parte en el Japón. Pero, exceptuando un breve bolo veraniego, no ha vuelto a los escenarios.

–¿Por qué tendría que hacerlo? –preguntó con displicencia cuando se lo hice observar–. Las películas tienen enormes posibilidades. Pueden ser un factor para el bien. Para el desarrollo moral. Por lo menos, algunas películas, y esa es la clase de películas que quiero hacer. –Hizo una pausa, pareció escuchar, como si su opinión hubiera sido grabada y la estuviera escuchando de nuevo. Posiblemente no estaba satisfecho; sea como fuere, empezó a mover la mandíbula, igual que si estuviera masticando un bocado desagradable. De repente su mirada se perdió en el espacio y me preguntó–: ¿Qué es lo que tiene de especial Nueva York? ¿Qué tiene de especial trabajar para Cheryl Crawford y Robert Whitehead? –Se trata de dos de los productores teatrales más destacados de Nueva York, ninguno de los cuales ha tenido la oportunidad de emplear a Brando–. De todos modos, ¿en qué obra podría actuar? No hay papeles para mí.

Si se apilaran los papeles que en una temporada cualquiera le ofrecen los productores de Broadway para que los considere (pues todavía tienen esperanzas de que acepte), llegarían a sobrepasar su estatura. Tennessee Williams quería que hiciera el papel de protagonista en sus últimas cinco obras, y la más reciente de estas, *Orpheus Descending*, que aún no había sido producida, fue escrita especialmente para Brando y la actriz italiana Anna Magnani.

–Puedo explicar muy fácilmente por qué no hice *Orpheus* –dijo Brando–. Hay cosas hermosas en la obra, de las mejores que haya escrito Tennessee, y el papel de la Magnani es grande: es una gran actriz, eso no se puede negar... y me habría barrido del escenario. El personaje que yo tenía que representar, un muchacho llamado Val, nunca toma partido por nada. No sabía qué era lo que quería, ni lo que no quería. Y uno no puede representar un vacío. Se lo dije a Tennessee. Y él lo intentó de nuevo. Volvió a escribir el papel para mí, creo que un par de veces. Pero... –Se encogió de hombros–. Bueno, yo no pensaba salir al escenario con la Magnani. No en ese papel. Habría quedado en segundo término. –Brando permaneció pensativo durante un rato y agregó–: Creo..., en realidad, estoy seguro, que Tennessee está obsesionado con la idea de que soy la encarnación de Kowalski. Quiero decir que somos amigos, y él sabe que como persona soy lo opuesto de Kowalski, que representa todo lo que odio: insensibilidad total, crueldad, grosería. Y, sin embargo, la imagen que tiene Tennessee de mí viene de ese papel que interpreté. Por eso no sé si podría escribir para mí desde otra perspectiva. La única razón por la que hice *Ellos y ellas* fue para poder interpretar algo más ligero, algo color amarillo. Antes, el color más brillante que había hecho era rojo. De rojo para abajo. Marrón. Gris. Negro. –Arrugó un paquete vacío de cigarrillos y lo hizo rebotar en la mano, como si fuera una pelota–. No hay papeles para mí en el teatro. Nadie los escribe. Dígame qué papel podría interpretar.

Ante la ausencia de obras de autores contemporáneos, ¿no podría hacer algo de otra época? Varios actores que habían intervenido con él en *Julio César* habían admirado su Marco Antonio, y opinaban que estaba magníficamente dotado para interpretar grandes papeles de la literatura dramática universal, incluido, posiblemente, Edipo, siempre y cuando, evidentemente, quisiera hacerlo.

Brando no se inmutó cuando le recordé estos elogios, o tal vez estaba entregado a su costumbre de no escuchar.

–Por supuesto, las películas envejecen rápidamente. Vi *Un tranvía*... hace poco, y ya es una película vieja. Sin embargo, las películas tienen muchas posibilidades.

Uno puede decir cosas importantes a un montón de gente. Acerca de la discriminación, el odio, los prejuicios. Quiero hacer películas que exploren los temas del mundo de hoy. Como entretenimiento. Por eso he fundado una compañía independiente.

Acarició con afecto *A Burst of Vermilion*, que va a ser la primera película de Pennebaker Productions, la compañía independiente que ha formado.

–¿Le satisfacía *A Burst of Vermilion* como base para alcanzar la clase de objetivos elevados que se había propuesto?

Murmuró algo. Luego volvió a murmurar otra cosa. Cuando le pedí que hablara más claramente, dijo:

–Es una película del Oeste.

No pudo evitar una sonrisa, que se convirtió en risa. Rodó por el suelo, riéndose con ganas.

–El único problema es: ¿podré volver a mirar a mis amigos a la cara? –Tranquilizándose un poco, dijo–: Hablando en serio, sin embargo, la primera película tiene que ganar dinero. De lo contrario, no habrá otra. Estoy casi arruinado. No, no bromeo. Pasé un año y gasté doscientos mil dólares tratando de que algún guionista hiciera un guión decente. Con mis ideas. El último era tan terrible, que dije que yo podía hacer uno mejor. Y también voy a dirigir la película.

Producida, dirigida, escrita, interpretada por él. Charlie Chaplin lo ha hecho, y hasta ha compuesto la música. Pero otros profesionales con gran experiencia (Orson Welles, para citar solo a uno) han sucumbido bajo el peso de todas estas tareas que Brando está dispuesto a asumir. Sin embargo, tenía una respuesta preparada cuando le sugerí que se estaba echando un peso demasiado grande sobre los hombros.

–Piense en la producción –dijo–. ¿Qué hace un productor, excepto buscar a los actores? Y yo sé hacerlo, igual que cualquiera.

Aunque sería difícil encontrar a alguien del oficio que estuviera de acuerdo con esta opinión. Un buen productor, además de buscar al guionista, el director, los actores, el equipo de técnicos y los otros componentes del grupo, debe ser un diplomático de las emociones, debe saber apaciguar, y, sobre todo, debe ser un hábil mecánico cuando se trata de la maquinaria de los dólares y los centavos.

–Pero hablando en serio –dijo Brando, ya completamente tranquilo–, *A Burst...* no es simplemente una película de vaqueros e indios. Trata de un muchacho mexicano, de odio y discriminación. De lo que le pasa a la gente de un pueblo cuando existen en él esas cosas.

Sayonara, también, tiene escenas en que intenta atacar los prejuicios raciales, ya que cuenta la historia de un piloto militar norteamericano que se enamora de una bailarina japonesa, lo cual provoca la desesperación de sus superiores, y también de las personas para quienes trabaja la chica, aunque estas últimas no rechazan la disparidad racial sino el hecho de que tenga novio, pues es miembro de una compañía de ópera integrada exclusivamente por mujeres (la novela se basa en una que existe en la vida real, la Takarazuka), cuya dirección promueve la leyenda de que fuera del escenario los cientos de chicas que emplean viven una existencia de convento, sin relaciones con hombres de ningún credo ni color. La novela de Michener termina con una escena en que los amantes, desolados, se dicen *sayonara*, adiós. En la película, esta palabra, y por ende el título, pierde su significado. La última escena muestra el enlace de Oriente y Occidente, con la pareja camino del registro civil. En una conferencia de prensa que dio Brando al llegar a Tokio, informó a unos sesenta reporteros de que aceptó interpretar la película porque «ataca con gran decisión los prejuicios que limitan nuestro progreso hacia un mundo de paz. Tomando como pretexto el romance, ataca los prejuicios que existen tanto por parte de los japoneses como de nosotros»; también hacía la película porque le daría la «inapreciable oportunidad» de trabajar bajo la dirección de Joshua Logan, que podía enseñarle «lo que debo y no debo hacer».

Pero había pasado el tiempo. Y ahora Brando dijo, con un bufido:

–¡Oh, *Sayonara*! ¡Me encanta! Lo que se suponía que iba a ser una película seria sobre el Japón se ha convertido en una increíble estupidez romántica y dulzona. Pero ¿qué importa? La hago por dinero, esa es la verdad. Que utilizaré para mi propia compañía. –Se tiró del labio reflexivamente y volvió a resoplar–. Allá en California soporté veintidós horas de discusión del guión. Logan me dijo: «Apreciaremos cualquier sugerencia que quieras hacer, Marlon. Cualquier cambio que quieras, hazlo. Si hay algo que no te gusta, pues, cámbialo, Marlon, escríbelo a tu manera». –Los amigos de Brando aseguran que puede imitar a cualquiera después de observarlo durante quince minutos. A juzgar por la maestría con que imitaba la voz de Logan y su actitud radiante y temblorosa de entusiasmo, así como su mirada melancólica y su dejo vagamente sureño, no exageran en lo más mínimo–. ¿Escribir? ¡Hombre, volví a escribir el guión entero! Y ahora, de todo eso, a lo mejor utilizan ocho líneas. –Otro resoplido–. Me doy por vencido. Me voy a dar un paseo por el papel, eso es todo. Hay veces que pienso que nadie se da cuenta de la diferencia, de cualquier manera. Los primeros días traté de actuar. Pero luego hice un experimento. En una escena, procuré hacer todo, todo, mal. Hacía gestos, ponía los ojos en blanco, adoptaba toda clase de expresiones que no tenían nada que ver con el papel que estaba interpretando. ¿Qué dijo Logan? Pues simplemente: «¡Magnífico! Toma buena».

Una de las frases que se repiten a menudo en la conversación de Brando, «Solo el cuarenta por ciento de lo que digo es en serio», se puede aplicar en este caso. Logan, un director de teatro y cine con logros reconocidos por todos, y muy bien recompensados (*Mister Roberts*, *South Pacific*, *Picnic*), es un hombre que se balancea en lo que le entusiasma igual que un pájaro se balancea en el aire. La necesidad que tiene una persona creativa de creer en el valor de lo que crea es axiomática; la fe de Logan en el proyecto que le ocupa se aproxima a la euforia, le protege, como parece ser su intención, del tormento de la duda. La alegría con que tomaba todo lo relacionado con *Sayonara*, una película que había estado preparando desde hacía dos años, era tan pura que no le permitía concebir que el entusiasmo de su estrella no fuera igual que el suyo. Muy al contrario. «Marlon», aseguraba de vez en cuando, «dice que nunca se ha sentido tan feliz trabajando con una compañía como con esta.» Y «Nunca he trabajado con un actor más excitante, más lleno de inventiva. Ni más dúctil. Sigue las sugerencias magníficamente y, sin embargo, siempre tiene algo que agregar. Ha ideado un acento sureño para ese papel que a mí nunca se me hubiera ocurrido, pero es perfecto». Sin embargo, para la noche en que cené con Brando en su habitación, Logan había comenzado a darse cuenta de que había algo que faltaba en su relación con él. Lo atribuía al hecho de que al llegar a aquel punto, dado que la mayoría de las escenas que se estaban rodando se concentraban en el trasfondo japonés (multitudes callejeras, vistas, espectáculos) más que en los actores, aún no había trabajado con Brando en nada que verdaderamente pusiera a prueba a los dos. «Eso llegará cuando volvamos a California», dijo. «Los interiores, las escenas dramáticas. Brando va a estar imponente, y nos llevaremos a las mil maravillas.»

Había otra razón que explicaba por qué Logan, al llegar a aquel punto, no había prestado a su actor principal la atención que hubiera establecido mayor armonía entre ellos: no le resultaba fácil disponer de los rasgos de la cultura japonesa que habían contribuido de manera especial a su decisión de rodar la película. Hacía mucho que Logan estaba enamorado del teatro japonés, y pensaba introducir en *Sayonara* secuencias auténticas tomadas del kabuki, que es el teatro clásico, del nō, que es un teatro dramático en que los actores llevan máscaras, y del bunraku, el teatro de marionetas. Iban a ser los toques intelectuales de la película. Y para eso, Logan, junto con William Goetz, el productor, habían estado en negociaciones durante más de un año con Shochiku, la gigantesca compañía cinematográfica que controla una parte importante de las actividades teatrales del Japón. El jefe del imperio Shochiku es una pequeña eminencia de ochenta y tantos años, que nunca sonríe, y que se llama señor Otani; tiene un nombre de pila, Takejiro, pero hay pocas personas que tengan con él la familiaridad necesaria para usarlo. Otani era hijo de un carnicero (y por lo tanto, en la sociedad budista del Japón, un paria), y junto con un hermano, ya muerto, fundó Shochiku, y la ha hecho crecer hasta convertirla durante los últimos cuatro años en la primera empresa japonesa por el volumen de su nómina. Otani es un magnate, digno rival de Kokichi Mikimoto, el difunto potentado de las perlas cultivadas, y proyecta su sombra sobre toda la industria japonesa del espectáculo. Además de monopolizar bajo su control el teatro clásico, es propietario de la cadena de cines y salas de espectáculos más extensa del país, produce muchas películas, y tiene intereses en la radio y la televisión. Desde la posición ventajosa de Otani, cualquier transacción con los señores Logan y Goetz debió de haberle parecido muy pequeña. No obstante, al principio se mostró encantado con el proyecto, sobre todo porque le impresionó el fervor de la admiración que sentía Logan por el kabuki, el nō y el bunraku, las tres gemas indiscutiblemente genuinas que lucía la corona del viejo, y las tres que más cerca estaban de su corazón. (Según algunos especialistas, estas antiguas artes han prosperado gracias a su generosidad.)

Pero Otani no es exactamente un filántropo. Cuando las negociaciones de Shochiku con los administradores de *Sayonara* estaban aparentemente concluidas, la compañía japonesa había cedido, por un precio considerable, los derechos para fotografiar escenas en el famoso teatro Kabuki de Tokio, y, por unos honorarios aún más elevados, había dado permiso para utilizar libremente el elenco del kabuki, las obras y los actores del nō y los titiriteros del bunraku. Shochiku también había permitido la participación de su compañía de ópera femenina, que era un factor necesario para la producción de la película, ya que las actrices de la compañía Takarazuka descritas en la novela se habían mostrado profundamente resentidas por el «libelo» de Michener y se negaban a cooperar. Logan, al partir para el Japón, estaba tan contento, que hubiera podido volar por su propio impulso. «Otani nos ha dado carta blanca, y vamos a utilizar los espectáculos auténticos», dijo. «No va a haber nada falso, ni de segundo orden, sino todo lo genuino, algo que nunca ha sido filmado antes.» Y que no sería filmado entonces tampoco, porque al otro lado del Pacífico Logan y sus asociados encontrarían su Pearl Harbor particular. Otani se deja ver muy poco; por lo general está representado por suaves acólitos, y cuando Logan y Goetz bajaron del avión, un grupo de estos informó a los cineastas de que Shochiku había cometido un error en su presupuesto, y la factura era ahora mucho más elevada. El productor Goetz objetó. Otani, seguro de que tenía las de ganar (después de todo, la gente de Hollywood ya estaba en el Japón, en compañía de unos carísimos actores, un carísimo equipo técnico y un carísimo material), contestó alzando el precio un poco más. Entonces Goetz, hombre de negocios también, y duro como un caparazón de tortuga, dio por terminadas las negociaciones y le dijo a su director que iban a tener que crear sus propios kabuki, nō, bunraku y ópera femenina con artistas que no pertenecieran a ninguna compañía.

Mientras tanto, la prensa de Tokio publicaba la historia de los contratiempos. Varios diarios, entre ellos el *Japan Times*, sugerían que había que censurar a Shochiku por «actuar de mala fe»; otros, favorables a Shochiku, o tal vez simplemente contrarios a *Sayonara*, se manifestaban encantados de que los norteamericanos no tuvieran la oportunidad de «degradar nuestras mejores tradiciones artísticas» representándolas en la versión cinematográfica de una «novela vulgar que no hace ningún favor, ni mucho menos, al pueblo japonés». Los diarios que se oponían a *Sayonara* gozaban dando noticias como la de que Logan había contratado a un actor mexicano, Ricardo Montalbán, para que hiciera el papel de un gran actor del Kabuki (en el kabuki solo intervienen hombres; los papeles más difíciles son los de las mujeres, representados por hombres caracterizados, y Montalbán tenía que representar a uno de estos actores) y luego había tenido la «desvergüenza» de tratar de contratar a una verdadera estrella del kabuki para que reemplazara a Montalbán en las secuencias de baile, lo que era igual que «pedirle a Ethel Barrymore que hiciera de extra».

En general, la prensa local estaba profundamente interesada en lo que ocurría en Kioto, la ciudad, a trescientos kilómetros de Tokio, en que se había decidido que se filmaran la mayoría de los exteriores de *Sayonara*, debido a su plétora de templos históricos, sus fotogénicas montañas azules y brumosos lagos, y su atmósfera del Japón antiguo, cuidadosamente preservada, con un elegante barrio de geishas y calles iluminadas por faroles de papel. Y, en general, en Kioto el equipo de rodaje se enfrentaba a todas las dificultades que sus detractores pudieran desear. En particular, era difícil encontrar japoneses que quisieran aparecer en la película, un fenómeno interesante si se considera que el japonés medio siempre está dispuesto a ser fotografiado. Es verdad que habían conseguido juntar un grupo de actores y titiriteros que no tenían contrato con Shochiku, pero se las veían y se las deseaban para reunir una compañía de ópera femenina más o menos presentable. (Estas instituciones japonesas vienen a ser una especie de Folies Bergère, pero más inocentes y frecuentadas por un solo sexo: aunque parezca extraño, pocos hombres van a las funciones, y el público es casi exclusivamente femenino, al igual que los actores.) Con la esperanza de resolver este problema, los directivos de *Sayonara* habían distribuido carteles que anunciaban un concurso para seleccionar «las cien chicas más hermosas de Japón». El acontecimiento, que esperaban que atrajera a gran cantidad de aspirantes, fue anunciado para las dos de la tarde de un jueves en el vestíbulo del Hotel Kioto. Pero nadie ganó el concurso, porque no se presentó nadie.

El productor Goetz, que iba a ser uno de los jueces del concurso, recurrió luego, y con moderado éxito, al expediente de reclutar damas de los cabarets y bares de Kioto. Como todas las ciudades japonesas, en general, Kioto es un paraíso para los noctámbulos. Proporcionalmente, la cantidad de establecimientos que expenden bebidas alcohólicas es superior a la que hay en Nueva York, y la diversidad es extraordinaria. Hay desde acogedores locales de bambú en los que solo caben cuatro clientes hasta templos del placer de muchos pisos con rótulos de neón en los que, de acuerdo con la reconocida capacidad de imitación de los japoneses, actúan orquestas de chachachá, conjuntos de rock, cuartetos de música folklórica norteamericana, *chanteuses existentialistes*, vocalistas orientales que cantan canciones de Cole Porter con acento negro norteamericano. Pero tanto si el establecimiento es de lo más bajo como si es *de luxe*, hay algo que no cambia: siempre pulula por el local un grupo de mujeres listas para alternar con los clientes y ponerlos de buen humor. Innumerables *jolies jeunes filles*, peinadas a la última moda y elegantemente vestidas, sorben Parfaits d'Amour (un cóctel dulzón, de color violeta, en boga en estos lugares) mientras se dedican a ejercer la tarea de geishas de pobres, es decir, levantar el espíritu, sin corromper, necesariamente, la moral de extenuados hombres casados y solteros tensos, ansiosos por divertirse. No es extraño ver cuatro mujeres por cliente. Pero cuando los de *Sayonara* empezaron a tratar de acorralarlas, tuvieron que tener en cuenta la circunstancia de que las trabajadoras nocturnas, con las que estaban tratando, no están preparadas para levantarse temprano, que es una de las exigencias de todo rodaje. Para conseguir su talento, y hacer que las damas estuvieran en el estudio a la hora fijada, los integrantes de la compañía hicieron de todo, excepto distribuir anillos de compromiso.

Otra fuente de irritación para los directivos de *Sayonara* fue la Fuerza Aérea de los Estados Unidos, cuya cooperación era vital, pero que, aunque había prometido ayudar, ahora ponía toda clase de obstáculos, porque tenía serias objeciones a uno de los temas básicos del argumento: que durante la guerra de Corea algunos pilotos militares que se casaron con japonesas fueron enviados de regreso a su país. La Fuerza Aérea decía que esto podía haber sucedido en la práctica, pero que no era la política oficial del Pentágono. Logan tuvo que optar entre suprimir la ofensiva premisa, prescindiendo así de una parte considerable de la sustancia del guión, o perderse la colaboración de la Fuerza Aérea si la dejaba, por lo que eligió el bisturí.

Luego se presentó el problema de la señorita Miiko Taka, que representaba el papel de la bailarina de la compañía Takarazuka capaz de inflamar la pasión de Brando, oficial de la Fuerza Aérea. Al principio Logan había tratado de interesar a Audrey Hepburn, que no aceptó, y entonces buscó a alguien «desconocido». Encontró a la señorita Taka, elegante, agradable, una tontuela sin pretensiones, razonablemente atractiva, virgen de experiencia cinematográfica, que dejó un empleo administrativo en una agencia de viajes de Los

Ángeles para entrar en lo que ella llamaba «esta fantasía de Cenicienta». Aunque su talento como actriz (igual que el de otro actor importante de *Sayonara*, Red Buttons, un excómico de revista y de televisión que, como la señorita Taka, había tenido un magro aprendizaje dramático) era fuente de preocupación, Logan, impávido, admirablemente alegre a pesar de todo, dijo en una ocasión: «Todo saldrá bien. Voy a tratar de mantener sus rostros inexpresivos y sus bocas cerradas todo lo posible. De cualquier manera, Brando va a estar tan magnífico que él hará todo lo que necesitamos». Lo que Brando iba a hacer era «darse por vencido». «Me doy por vencido», decía Brando constantemente, «no me voy a esforzar más. Disfrutaré de mi estancia en el Japón.»

En aquel momento, en el Miyako, Brando tuvo la oportunidad de disfrutar de un regalo muy japonés: un emisario de la dirección del hotel, haciendo reverencias, radiante, y frotándose las manos, entró en la habitación y le dijo: «Ah, Missa Marron Brando...», y se quedó callado, sin poder decir nada dado lo embarazoso de su misión. Había ido a reclamar los paquetes conteniendo los dulces y los pastelillos de arroz de «regalo» que Brando ya había abierto y probado pródigamente. «¡Ah, Missa Marron Brando, es un error! Eran para otra habitación. ¡Disculpas! ¡Disculpas!» Riendo, Brando le entregó las cajas. Los ojos del emisario, al ver el saqueo que había sufrido su contenido, se pusieron graves, aunque siguió sonriendo; en realidad, su sonrisa se petrificó. Aquella era una dificultad capaz de poner a prueba la justamente famosa amabilidad japonesa. «¡Ah!», suspiró, y un asomo de solución ablandó su sonrisa, «ya que le gustan tanto, debe quedarse con una caja.» Le devolvió los pastelillos de arroz. «Y ellos (probablemente quería decir sus verdaderos destinatarios) recibirán la otra. Ahora, todo el mundo satisfecho.»

Hizo muy bien al dejar los pastelillos de arroz, porque la cena se retrasaba. Cuando llegó, yo estaba contestando algunas preguntas que me había hecho Brando sobre un conocido mío, un joven norteamericano seguidor del budismo que durante cinco años había llevado una vida contemplativa, si no enteramente alejada del mundo, en un poblado dentro del recinto del templo Nishi-Honganji de Kioto. La idea de que una persona se hubiera retirado del mundo para llevar una existencia espiritual (y oriental, por añadidura) dio una expresión inmóvil, soñadora, al rostro de Brando. Escuchó con sorprendente atención lo que yo podía decirle acerca de la vida actual del joven, y se mostró intrigado, e incluso realmente apenado, porque no era un retiro completo, absoluto silencio, largas plegarias sobre rodillas doloridas. Por el contrario, detrás de los muros de Nishi-Honganji mi amigo budista ocupaba tres cómodos y soleados cuartos desbordantes de libros y de discos. Además de rezar sus oraciones y de cumplir con la ceremonia del té, podía perfectamente preparar un martini; tenía dos sirvientes y un Chevrolet que conducía a menudo para ir al cine. Había leído que Marlon Brando estaba en la ciudad y deseaba conocerle. Brando no se mostró complacido. Había sido tocada su vena puritana, que tiene bastante amplitud; en su concepción de lo que es la devoción no había cabida para un joven tan *du monde* como el que le acababa de describir.

–Es como hace unos días en el rodaje –dijo–. Estábamos trabajando en un templo, y uno de los monjes se acercó y me pidió una foto autografiada. ¿Para qué puede querer un monje mi firma? ¿Y mi foto?

Miró inquisitivamente los libros desparramados, gran cantidad de los cuales trataban de temas místicos. En su primera conferencia de prensa en Tokio les dijo a los reporteros que estaba contento de estar en el Japón nuevamente porque tendría oportunidad de «investigar la influencia del budismo en el pensamiento japonés, como factor cultural determinante». El material de lectura desplegado era prueba de que seguía este erudito, aunque oscuro, programa.

–Lo que me gustaría hacer –dijo de pronto–, sería conversar con alguien que sepa de estas cosas. Porque...

Pero la explicación fue pospuesta hasta que la criada, que justo en aquel momento se había deslizado en la habitación balanceando enormes fuentes, hubo terminado de poner todo sobre la mesa lacada y nosotros nos hubimos arrodillado sobre almohadones a ambos lados.

–Porque –dijo frotándose las manos con una pequeña toalla caliente, que es el prefacio de toda comida en el Japón– he considerado seriamente, he pensado muy seriamente acerca de... abandonarlo todo. ¿De qué sirve ser un actor de éxito si uno no evoluciona hacia algo más? Está bien, he conseguido el éxito. Por fin soy aceptado, soy bienvenido en todas partes. Pero eso es todo, no hay nada más, ahí termina, no lleva a ninguna parte. Uno está sentado en un gran montón de pasteles, recibiendo... capas y capas de la crema con que los recubren. –Se frotó la barbilla con la toalla, como si se estuviera quitando el maquillaje–. El éxito excesivo puede arruinar, igual que el fracaso excesivo. –Bajando la vista, miró sin apetito la comida que la criada, sin dejar de reírse tontamente, servía en los platos–. Por supuesto –dijo como dudando, como si estuviera dándole vueltas a una moneda lentamente para estudiar qué cara parecía más brillante–, uno no puede ser un fracaso siempre. O no siempre y sobrevivir. ¡Van Gogh! Ese es un ejemplo de lo que puede suceder cuando una persona nunca recibe reconocimiento. Dejas de relacionarte con el mundo; la falta de reconocimiento te deja al margen. Pero supongo que el éxito hace lo mismo. ¿Sabe?, me costó mucho tiempo darme cuenta de que eso era yo: un gran éxito. Estaba tan absorto en mí mismo, en mis propios problemas, que nunca miraba a mi alrededor, ni me daba cuenta de nada. Solía caminar por Nueva York, kilómetros y kilómetros, caminaba por la calle de noche, y nunca veía nada. Nunca estaba seguro acerca de ser actor, no sabía si eso era lo que quería hacer; aún no lo sé. Luego, mientras trabajaba en *Un tranvía...*, y ya hacía dos meses que estaba en cartel, una noche, muy oscuramente, empecé a escuchar un rugido. Era como si hubiera estado dormido y me despertara sentado sobre ese montón de pasteles.

Antes de alcanzar esta endulzada altura, Brando había conocido las vicisitudes del joven sin relaciones, sin apoyo financiero, educado solo a medias (no tiene certificado de estudios secundarios, ya que le expulsaron antes de la graduación de la Academia Militar Shattuck de Faribault, Minnesota, institución a la que se refiere como «el asilo»), que llega a Nueva York de una región rural, en su caso de Libertyville, Illinois. Durante sus primeros años en la ciudad había vivido solo en apartamentos amueblados o compartiendo pisos escasamente amueblados, fluctuando entre las clases de teatro y trabajos esporádicos, entre otros el de ascensorista.

Un amigo suyo, que lo conoció en esa época anterior a los montones de pasteles, corrobora en parte el retrato sonámbulo que pinta Brando de sí. «En verdad, era un hombre pensativo», dijo su amigo. «Parecía tener un cuarto para esconderse dentro de sí mismo, y allí corría siempre, a lamentarse de sus desgracias, y para regodearse también con ellas, como un avaro con su oro. Pero no todo era dolor. Cuando quería, podía salir de su prisión. Se divertía como un niño, de una manera que no conocía impedimentos. En una ocasión estaba viviendo en una vieja casa de piedra marrón en la calle Cincuenta y dos, una zona donde abundan los clubs de jazz. Solía llenar bolsas de agua y subía al terrado para tirárselas a los tipos afectados que salían de los clubs. En la pared de su cuarto tenía un letrero que decía: "No vives si no sabes que estás vivo". Sí, en aquel apartamento siempre pasaban cosas: Marlon tocaba el bongó o ponía discos, y había un montón de gente, muchachos del Actor's Studio y vagabundos que había encontrado en la calle. Y podía ser una gran persona. El hombre menos oportunista que he conocido. Nunca trataba de congraciarse con los que hubieran podido hacer algo por él. Podría decirse que hacía lo imposible por evitarlos. Claro que, en parte, la clase de gente que le gustaba y la que no le gustaba eran producto de su inseguridad, de su sentimiento de inferioridad. Muy pocos de sus amigos eran iguales que él, tipos con quienes tendría que competir, ya entiende lo que quiero decir. La mayoría eran vagos, idólatras, personas que dependían de él de una manera u otra. Igual pasaba con las chicas con las que salía. Eran muchachas con aspecto de secretarias, vulgares y agradables, pero incapaces de atraer la atención de un enjambre de competidores.» (Esta última preferencia de Brando se remontaba a su época de adolescente, o al menos eso decía su abuela. Según ella, «Marlon siempre elegía chicas bizcas».)

La criada sirvió sake en copas como dedales, y se retiró. Los *connoisseurs* de este pálido y mordiente vino de arroz dicen que pueden discernir variaciones en gusto y calidad en más de cincuenta marcas. Pero para el novicio todos los sakes parecen haber sido fermentados en el mismo tonel. Es un vino agradable al comienzo, que empalaga un poco después, y que no enturbia la cabeza a menos que uno tome litros, que es un hábito muy común entre muchos *bons vivants* del Japón. Brando ignoró el sake y atacó directamente el bistec. Era excelente. Los japoneses se enorgullecen justamente de la calidad de su carne. Lo demás no era tan bueno: ni los fideos, un plato muy popular en el Japón, ni la guarnición a base de guisantes, patatas y habas. Claro que el menú era bastante raro. Por lo general, es un error pedir comida occidental en el Japón, pero hay momentos en que a uno le vienen arcadas solo de pensar en más pescado crudo, sukiyaki y arroz con algas, y, por mejor preparado y presentado que esté, el estómago poco acostumbrado se revuelve ante la perspectiva de caldo de anguila y abejas fritas, serpiente a la vinagreta y tentáculos de pulpo.

Mientras comíamos, Brando volvió a la posibilidad de renunciar a su posición como estrella de cine por las satisfacciones de una vida que «llevara a alguna parte». Decidió buscar un término medio.

–Bueno, cuando vuelva a Hollywood, voy a despedir a mi secretaria y me mudaré a una casa más pequeña –dijo. Suspiró, aliviado, como si ya se hubiera desprendido de viejos estorbos y entrara en una nueva situación, llena de sencillez. Entusiasmado con el encanto de su nueva vida, dijo–: No voy a tener cocinero ni criada. Solo una mujer que venga a hacer la limpieza dos veces a la semana. Pero... –frunció el ceño y puso los ojos bizcos, como si algo nublara la felicidad que imaginaba– dondequiera que esté la casa, tendrá que tener una verja. Por las personas con lápices. Usted no sabe cómo es la gente con lápices. Necesito una verja para que no entren. Supongo que nada podré hacer con respecto al teléfono.

–¿Al teléfono?

–Está intervenido. Escuchan mis conversaciones.

–¿De veras? Y ¿quién lo ha intervenido?

Comió un poco de carne, dijo algo ininteligible. Parecía que no quería decirlo, y sin embargo estaba seguro de lo que decía.

–Cuando hablo con mis amigos, lo hacemos en francés. O en una jerga que hemos inventado.

De repente se oyeron sonidos a través del techo, provenientes de la habitación de arriba: pasos, voces amortiguadas que recordaban el ruido del agua corriendo por las cañerías.

–¡Chissst! –susurró Brando, escuchando atentamente y mirando hacia arriba, alerta–. Baje la voz, lo escuchan todo. –Parece que se refería a su compañero Red Buttons y su esposa, que ocupaban la suite de arriba–. Este lugar está hecho de papel –siguió diciendo en voz muy baja, con la expresión absorta de un niño perdido en un juego muy serio, lo que explicaba su inclinación por ocultar, el hecho de que mirara por encima del hombro, el código inventado para hablar por teléfono, facetas estas de su personalidad que de vez en cuando hacen que su conversación adquiera una característica conspiratoria, como si estuviera discutiendo un tema subversivo en un ambiente político peligroso. Brando no dijo nada. Yo no dije nada. Ni tampoco el señor Buttons o su esposa, o, por lo menos, no dijeron nada inteligible.

Durante ese intervalo de silencio, mi anfitrión vio una carta enterrada entre los platos, y la leyó mientras comía, como si se tratara de su diario matinal. Después de un rato, acordándose de mí, observó:

–De un amigo mío. Está haciendo un documental, la vida de James Dean. Quiere que sea el narrador. A lo mejor lo hago. –Dejó a un lado la carta y se acercó el pastel de manzana, cubierto de helado de crema–. A lo mejor no. Siempre me entusiasmo por alguna cosa, pero no me dura más de siete minutos. Exactamente siete minutos. Ese es mi límite. Nunca sé ni siquiera por qué me levanto por la mañana. –Al terminar su pastel, observó el mío especulativamente, así que le pasé mi plato–. Pero voy a considerar, ciertamente, este proyecto sobre Dean. Podría ser importante.

James Dean, el joven actor cinematográfico muerto en un accidente automovilístico en 1955, fue promocionado durante su fulgurante carrera como un «rebelde sin causa», símbolo del muchacho estadounidense incomprendido, loco por los coches, que se enfrentaba a los pequeños problemas de la vida con los nervios a flor de piel, siempre dispuesto a saltar. Cuando murió, aún faltaba estrenar una costosa película en la que actuaba, *Gigante*, y los agentes de publicidad de la productora, tratando de contrapesar cualquier efecto negativo que pudiera tener su muerte sobre las perspectivas comerciales de su producto, tuvieron éxito en convertir su tragedia en algo «encantador», y, como irónica consecuencia, crearon una leyenda sobre Dean cuyo atractivo resultaba un tanto necrofílico. Aunque Brando tenía siete años más que Dean, y era más seguro desde el punto de vista profesional, los dos actores terminaron por ser asociados en la mente colectiva de los aficionados. Muchos críticos, al referirse a la primera película de Dean, *Al este del Edén*, subrayaron el parecido entre sus gestos como actor y los de Brando, que casi rayaba en el plagio. Y en la vida real Dean parecía practicar también la forma más sincera de lisonja: como Brando, corría por todas partes en motocicleta, tocaba el bongó, simulaba ser un tipo rufianesco, barbotaba una jerigonza intelectual, cultivaba una personalidad caprichosa, maniática, muy pintoresca para la prensa, que combinaba, con notoria habilidad, el muchacho malo con la esfinge sensible.

–No, Dean nunca fue amigo mío –dijo Brando en respuesta a una pregunta que pareció sorprenderle–. No es por eso por lo que estaría dispuesto a hacer de narrador. Apenas le conocí. Pero él tenía una obsesión conmigo. Cualquier cosa que yo hacía, él la hacía también. Siempre estaba tratando de acercarse a mí. Solía llamarme. –Brando levantó un teléfono imaginario y se lo llevó al oído con la sonrisa astuta de quien escucha la conversación de otros–. Yo escuchaba lo que dejaba en el contestador automático. Preguntaba por mí, quería que le contestara. Pero nunca hablé con él. Nunca le llamé. Cuando yo...

La escena se vio interrumpida por el teléfono verdadero, que sonaba.

–¿Sí? –dijo, levantando el auricular–. Soy yo. ¿De dónde? ¿Manila...? Bueno, no conozco a nadie en Manila. Dígale que no estoy. No, cuando por fin conocí a Dean –continuó, una vez que colgó–, fue en una fiesta. Iba de un lado para otro, comportándose como un loco. Le hablé. Le llevé aparte y le pregunté si no sabía que estaba enfermo. Y que necesitaba ayuda. –El recuerdo provocó una versión intensificada de la expresión, muy habitual en Brando, de sabia comprensión–. Me escuchó. Ya sabía que estaba enfermo. Le di el nombre de un psicoanalista, y fue a visitarse. Y, por lo menos, su trabajo mejoró. Hacia el final, creo que estaba empezando a encontrar su camino como actor. Pero esta glorificación de Dean está mal. Por eso creo que el documental podría ser importante. Para mostrar que no era un héroe, para mostrarlo tal cual era, un chico perdido tratando de encontrarse. Habría que hacer eso, y a mí me gustaría hacerlo, quizá como una especie de expiación por algunos de mis propios pecados. Como por hacer *¡Salvaje!* –Se refería a esa extraña película en que es presentado como el Führer de un grupo de delincuentes fascistas–. Pero ¿quién sabe? Mi límite son siete minutos.

Después de Dean, nos pusimos a hablar de otros actores, y le pregunté específicamente cuáles eran los que él respetaba. Pensó un rato. Aunque pareció estar a punto de nombrar algunos, pues sus labios empezaron a formar palabras, posiblemente quería pensarlo dos veces antes de decir nada. Le sugerí algunos candidatos: Laurence Olivier, John Gielgud, Montgomery Clift, Gérard Philipe, Jean-Louis Barrault.

–Sí –dijo, animándose por fin–: Philipe es un buen actor. Barrault también. ¡Qué magnífica película fue *Les enfants du paradis*! Quizá la mejor película que existe. ¿Sabe?, esa fue la única vez que me enamoré de una actriz, de alguien del mundo cinematográfico. Arletty me enloqueció. –El público de todo el mundo recuerda a la estrella parisiense Arletty por el encanto ingenioso y femenino que dio a la heroína de la célebre película de Barrault–. Quiero decir que me enamoré de verdad. Lo primero que hice la primera vez que fui a París, fue tratar de conocer a Arletty. Quería verla como quien visita un templo. La mujer ideal. –Dio un golpe sobre la mesa–. ¡Qué error, qué desilusión! Era una arpía.

La criada vino a quitar la mesa. *En passant*, le dio un golpecito fraternal a Brando en el hombro, para recompensarle, me pareció, por haber rebañado los platos hasta dejarlos tan resplandecientes. Volvió a tirarse sobre el piso, poniéndose una almohada bajo la cabeza.

–Spencer Tracy es la clase de actor que me gusta ver. La manera como se contiene, se contiene..., luego hace un movimiento rápido, dice lo que tiene que decir, luego vuelve a su impasibilidad. Tracy, Muni, Cary Grant. Saben lo que hacen. De ellos se puede aprender algo.

Brando empezó a mover los dedos en el aire, como si esperara que sus gestos describieran lo que no podía articular con precisión.

–Actuar es algo muy tenue –dijo–. Es algo frágil y tímido que un director sensible puede sacar de uno. En el rodaje de una película, el momento sensible llega con la tercera toma de la escena; entonces solo necesitas que el director te susurre algo para hacerlo cristalizar. Gadge (el sobrenombre de Elia Kazan) puede hacerlo. Es maravilloso con los actores.

Supongo que otro actor habría entendido sin más lo que estaba diciendo Brando, pero yo encontraba difícil seguirle.

–Es algo que te sucede, dentro, en la tercera toma –dijo, poniendo un énfasis cuidadoso que no hizo que mi incomprensión disminuyera. Una de las escenas más memorables en que ha actuado Brando ocurre en la película *La ley del silencio*, dirigida por Kazan: es la escena en que Rod Steiger, su hermano miembro del hampa, lleva a Brando en coche y le confiesa que en realidad le está conduciendo a una trampa mortal. Le pregunté si podía usar ese episodio como ejemplo para explicarme su teoría del «momento sensible».

–Sí. Bueno, no. Bueno, vamos a ver. –Entornó los ojos, canturreó algo–. Esa fue una escena con siete tomas, y no me gustó la manera como estaba escrita. Hubo muchas disensiones. Estaba harto de la película. Todas las escenas rodadas en exteriores fueron hechas en Nueva Jersey, en pleno invierno. Hacía un frío insufrible. Y yo tenía problemas en esa época. Con mujeres. Esa escena... Veamos... Hubo siete tomas porque Rod Steiger no podía dejar de llorar. Es uno de esos actores a los que les gusta llorar. La hicimos una y otra vez. Pero no me acuerdo exactamente cuándo ni cómo cristalizó. La primera vez que vi *La ley del silencio* en la sala de proyección, con Gadge, pensé que era tan horrible que me fui sin decirle nada.

El mes anterior, un amigo de Brando me había dicho: «Marlon siempre se vuelve contra lo que está filmando. Contra algún elemento de la película. Contra el director o el guión o alguien del reparto. No siempre debido a algo racional..., solo porque parece tranquilizarle el estar insatisfecho y tiene que desfogarse con algo. Es parte de su manera de ser. *Sayonara*, por ejemplo. Apuesto cualquier cosa a que en algún momento va a tener algo en contra de la película. O de Logan, tal vez. Quizá contra el Japón, contra todo el país. Ahora ama al Japón. Pero con Marlon no se puede estar seguro porque cambia de un momento a otro».

Me estaba preguntando si podría mencionarle esta supuesta «manera de ser» a Brando, preguntarle si él la consideraba como una observación válida acerca de sí mismo. Pero fue como si hubiera adivinado la pregunta.

–Debería mantener la boca cerrada –dijo–. Aquí, con respecto a *Sayonara*, les he dicho a algunas personas lo que siento verdaderamente. Pero nunca siento lo mismo durante dos días seguidos.

Eran las diez y media, y Murray llamó con puntualidad.

–Salí a cenar con las chicas –le dijo a Brando con una voz que salía con tanta fuerza del teléfono que incluso yo la podía oír, una voz que se superponía al ruido de un bar y música. Evidentemente, no estaba en uno de los restaurantes tradicionales de Kioto, que son muy silenciosos, sino en un lugar donde los clientes no se quitaban los zapatos–. Ya estamos terminando. ¿Qué vamos a hacer? ¿Has acabado ya?

Brando me miró pensativamente, y yo miré mi chaqueta. Pero dijo:

–Seguimos hablando. Llámame dentro de una hora.

–Bueno..., está bien. Escucha. Miiko está aquí. Quiere saber si recibiste las flores que te envió.

Brando desvió la vista al acristalado porche-solario, en el que, sobre una mesa redonda de bambú, había un jarrón con asteres.

–Sí. Dile que muchas gracias.

–Díselo tú. Está aquí al lado.

–¡No! ¡Eh, espera un momento! ¡Esta no es la manera de hacerlo!

Pero su protesta llegó demasiado tarde. Murray ya había dejado el auricular y Brando repetía «¡Esta no es la manera de hacerlo!», ruborizado e inquieto como un escolar.

La siguiente voz que emanó del aparato era la de la actriz principal de *Sayonara*, Miiko Taka. Le preguntó por su salud.

–Mejor, gracias. Comí una ostra en malas condiciones, eso fue todo. ¿Miiko...? ¡Miiko, qué encantadora has sido al mandarme las flores! ¡Son preciosas! Las estoy mirando en este momento. Los asteres –continuó, como si tímidamente se arriesgara a decir un verso– son mis favoritos entre las flores.

Pasé al porche, para dejar que Brando y la señorita Taka continuaran su conversación en privado. Debajo de las ventanas, el jardín del hotel, con sus sencillísimos y muy cuidados arreglos de rocas y árboles, flotaba en la bruma que emana de los ríos de Kioto, una ciudad llena de agua, con ríos poco profundos que la cruzan y canales saltarines, punteada con estanques inmóviles como víboras enroscadas y pequeñas y alegres cataratas que suenan como japonesitas que ríen. Kioto fue antaño la capital imperial, y es actualmente el museo cultural del país, tan lleno de tesoros estéticos que los bombarderos norteamericanos la respetaron durante la guerra. Está rodeada de agua, además; más allá de las colinas que la circundan, los caminos corren sobre terraplenes a través de los reflejos plateados de los arrozales inundados. Aquella noche, a pesar de la bruma, las azules colinas circundantes eran discernibles contra la oscuridad, porque el aire superior era puro. Se veía el cielo, con estrellas, y el asomo de una luna. Se veían partes de la ciudad. Lo más próximo era un barrio de techos curvos, con aristocráticas casas de fachadas oscuras, construidas con maderas sedosas y sin embargo austeras, septentrionales, de aspecto tan secreto como cualquier palacio de piedra de Siena.

¡Cuán brillantes parecían, en contraste, los faroles de las calles y las linternas de los zaguanes, que proyectaban agudos colores como de kimonos: rosado y anaranjado, amarillo limón y rojo! Más lejos se extendía una llana zona moderna: amplias avenidas, neón, un rascacielos de cemento armado desnudo que parecía menos duradero, más perecedero, que las casas de papel agazapadas a su alrededor.

Brando terminó de hablar por teléfono. Acercándose al porche, me miró mientras yo admiraba la vista. Dijo:

–¿Ha estado en Nara? Es muy interesante.

Sí, había estado allí, y, desde luego, lo era. «La antigua Nara, la de los viejos tiempos», como la llaman siempre los cicerones locales, está a una hora de viaje de Kioto; es una ciudad de tarjeta postal, en medio de un parque espectacular. Constituye la apoteosis del genio que tienen los japoneses para hipnotizar a la naturaleza y hacerla comportarse de manera nada natural. El gran parque, salpicado de templos, es un salón verde en el que pastorean las ovejas y bajo los pinos vagabundean los mansos ciervos, unos ciervos que, como las palomas venecianas, posan de buen grado con las parejas de recién casados en viaje de novios. Los niños tiran de la barba a chivos que no toman represalias. Los ancianos, envueltos en capas negras con cuellos de visón, se sientan en cuclillas junto a estanques tachonados de lotos y llaman dando palmadas a cardúmenes de peces, carpas moteadas y escarlatas, gordas, gruesas como truchas, que dejan que les acaricien la boca y luego tragan las migas que esparcen los ancianos. Me pareció sorprendente que aquel Edén sin serpiente atrajera a Brando. Con su gusto liberal por lo remoto y lo no muy adornado, uno hubiera pensado que no reaccionaría ante un paisaje tan arreglado y domesticado. Luego, como si se refiriera a Nara, dijo:

–Bueno, me gustaría casarme. Quiero tener hijos.

Quizá no era, después de todo, un comentario incongruente. La amable seguridad de Nara podría haberle sugerido, por asociación de ideas, el matrimonio y la familia.

–Uno ha de tener amor –dijo–. No hay ninguna otra razón para vivir. Los hombres no se diferencian de los ratones. Nacen para realizar la misma función. Procrear.

(«Marlon», para citar a su amigo Elia Kazan, «es una de las personas más dulces que he conocido. Probablemente, la más dulce de todas.» La observación de Kazan resultaba particularmente evidente cuando Brando estaba en compañía de niños. Para él, los miembros de la generación más joven del Japón, esos niños encantadores y vivaces de mejillas de cereza, piernas corvas y flequillos erizados, eran siempre bienvenidos en los lugares donde se rodaba *Sayonara*. Con los niños era bueno, estaba cómodo, jugaba con ellos, sabía apreciarlos; parecía, en realidad, contemporáneo suyo en el terreno de las emociones, un compañero conspirador. Además, aquella expresión condolida, aquella mirada llena de compasión caritativa que reservaba para la contemplación de algunas personas adultas, estaba ausente de su mirada cuando estaba frente a un niño.)

Tocando la ofrenda floral de la señorita Taka, continuó:

–¿Qué otra razón hay para vivir, excepto el amor? Ese ha sido mi problema principal. No he podido amar a nadie. –Regresó a la habitación iluminada, y se quedó allí como si buscara algo, ¿un cigarrillo? Tomó un paquete. Vacío. Se tocó los bolsillos y revisó las chaquetas desparramadas aquí y allá. El guardarropa de Brando ya no recuerda a las pandillas callejeras: en lo que a indumentaria se refiere, ha dado un salto adelante, o ha vuelto atrás, y ha adoptado el estilo elegante de otros proscritos, los gánsteres de la época de la ley seca, es decir, sombreros negros, trajes a rayas y camisas de colores oscuros, estilo George Raft, con corbatas de tonos pastel. Encontró cigarrillos, y se tumbó sobre el futón a fumar. Tenía perlas de sudor sobre los labios. La estufa eléctrica hervía. La temperatura era tropical: allí se hubieran podido cultivar orquídeas. En el piso de arriba el señor Buttons y señora estaban haciendo ruido nuevamente, pero Brando parecía haber perdido interés en ellos. Estaba fumando, pensativo. Luego, tomando el hilo de su pensamiento, dijo–: No puedo amar a nadie. No puedo confiar en nadie como para entregarme por completo. Pero estoy preparado. Es algo que quiero. Y estoy a punto, tengo que... –Entornó los ojos, pero su tono, en lugar de ser intenso, era indiferente, aburridamente objetivo, como si estuviera discutiendo algún personaje en una obra, un papel que estaba cansado de representar pero que tenía la obligación de interpretar a causa de un contrato–. Porque..., bueno, ¿qué otra cosa queda? De eso se trata. De amar a alguien.

(En la época de nuestra entrevista, Brando era, por supuesto, soltero, aunque en varias ocasiones se había comprometido casi oficialmente, una vez con una actriz, que aspiraba a ser escritora, llamada Blossom Plumb, y otra vez, que había recibido mayor publicidad, con la señorita Josanne Mariani-Bérenger, hija de un pescador francés. En ninguno de los dos casos llegaron a publicarse las amonestaciones. Pero el mes pasado, en una ceremonia repentina y algo secreta llevada a cabo en Eagle Rock, California, Brando se casó con una actriz poco conocida, morena, que lucía un sari y que se llama a sí misma Anna Kashfi. Según las contradictorias informaciones de la prensa, o bien es budista, nacida en Darjeeling, india de pura cepa, o bien nació en Calcuta y es hija de una pareja inglesa de apellido O'Callaghan, que actualmente vive en Gales. Brando no ha hecho nada para aclarar el misterio.)

–De todos modos, tengo amigos. No. No, no los tengo –dijo, boxeando con una sombra–. Sí, claro que los tengo –decidió finalmente, secándose el sudor sobre el labio–. Tengo muchísimos amigos. Hay algunos a quienes no les oculto nada. Hay que confiar en alguien. Bueno, no completamente. No dependo de nadie que me diga lo que tengo que hacer.

Le pregunté si eso incluía a los consejeros profesionales. Por ejemplo, tenía entendido que Brando dependía mucho de los consejos de Jay Kanter, un joven que trabajaba en la Music Corporation of America, que es la agencia que le representa.

–Oh, Jay –dijo Brando–. Jay hace lo que *yo* le digo.

Sonó el teléfono. Debía de haber pasado una hora, porque era Murray de nuevo.

–Sí, seguimos hablando –dijo Brando–, mira, será mejor que yo te llame... Dentro de una hora, más o menos. ¿Vas a estar en tu cuarto...? Muy bien.

Colgó, y dijo:

–Buen tipo. Quiere llegar a ser director, con el tiempo. Estaba diciendo algo. Estábamos hablando acerca de amigos. ¿Sabe cómo hago amigos yo? –Se inclinó hacia mí, como si tuviera un secreto divertido que comunicarme–. Procedo con mucho cuidado. Doy vueltas y vueltas. Doy vueltas. Luego, gradualmente, me acerco. Luego extiendo una mano y los toco, con mucho cuidado... –Extendió los dedos como antenas de insecto, y me rozó el brazo–. Luego –dijo, con un ojo a medio cerrar y el otro a la Rasputín, abierto mesméricamente, brillante–, me alejo. Espero un poco. Hago que se queden pensativos. Justo en el momento preciso, me vuelvo a acercar. Los toco. Doy vueltas. –Ahora su mano, ancha, de dedos romos, trazaba un círculo, como si tuviera una soga con la que rodeara a una presencia invisible–. No saben qué está pasando. Antes de que se den cuenta, están enredados, comprometidos. Los tengo. Y de pronto, en algún momento, soy todo lo que tienen. Muchos de ellos, sabe, son personas que no encajan en ninguna parte, nadie los acepta, han sido heridos, lisiados de una manera u otra.

Pero yo quiero ayudarlos, y ellos pueden concentrarse a mi alrededor. Yo soy el duque. Soy una especie de duque de mis dominios.

(Un antiguo habitante del ducado, al describir al señor y sus súbditos, ha dicho: «Es como si Marlon viviera en una casa cuyas puertas no se cierran nunca. Cuando vivía en Nueva York, la puerta de su casa siempre estaba abierta. Cualquiera podía entrar, aunque Marlon no estuviera, y todos lo hacían. Uno llegaba y había quince o veinte personas. Era extraño, porque no parecían conocerse entre sí. Estaban allí, simplemente; como si fuera una estación de autobuses. Había quienes dormían sobre una silla. Otros leían el diario. Una chica bailaba sola. O se pintaba las uñas de los pies. Un cómico ensayaba su número. En algún rincón, dos personas jugaban al ajedrez. Y sonaban tambores: ¡tantarán, tantarantán, rataplán! Pero nadie bebía nunca, y no pasaba nada fuera de lo común. De vez en cuando alguien decía: "Vamos a la esquina por un helado". En todo esto, Marlon era el común denominador, el único vínculo. Deambulaba por la habitación llamando a alguno aparte y hablándole. No sé si se ha dado cuenta, pero Marlon no puede, o no quiere, hablar con dos personas a la vez. Nunca toma parte en una conversación de grupo. Siempre es un *tête-à-tête*, con una sola persona cada vez. Lo que es necesario, supongo, si usa las mismas artes para encandilar a todos. Pero aunque sepas que es eso lo que hace, no te importa. Porque cuando te toca el turno, Marlon te hace sentir que eres la única persona en el cuarto. En el mundo. Como si estuvieras bajo su protección y tus preocupaciones y tus estados de ánimo fueran de su incumbencia. No puedes menos que creerlo; no he conocido a nadie que irradie tanta sinceridad como él. Después es probable que te preguntes si finge. Pero, de ser así, ¿para qué? ¿Qué puedes darle? Nada, excepto afecto, y de eso se trata. Afecto, que le da autoridad sobre ti. A veces pienso que Marlon es como un huérfano que en una época posterior de su vida trata de compensar su condición convirtiéndose en cabeza bondadosa de un inmenso orfanato. Pero aun fuera de la institución quiere que todos le amen». Aunque existen muchos testigos que podrían contradecir esta opinión, el propio Brando, en cierta ocasión, le dijo a alguien que le entrevistaba: «Puedo entrar en una habitación donde hay cien personas, y si hay una sola que no me quiere, me doy cuenta, y siento la necesidad de irme». Como acotación, debemos agregar que, dentro del grupo que señorea Brando, se le estima como padre intelectual a la vez que como hermano mayor, desde el punto de vista afectivo. La persona que probablemente lo conoce mejor que nadie, el comediante Wally Cox, dice que es «un filósofo creativo, un pensador muy profundo», y agrega: «Es una fuerza verdaderamente liberadora para sus amigos».)

Brando bostezó. Ya era la una menos cuarto. En menos de cinco horas tendría que estar en el lugar del rodaje, bañado, afeitado y desayunado, listo para que un maquillador le diera a su rostro el tinte mulato que exige el tecnicolor.

–Fumemos otro cigarrillo –dijo cuando me dispuse a ponerme la chaqueta.

–¿No cree que debería dormir?

–Eso quiere decir que luego hay que levantarse. La mayoría de las mañanas, no sé por qué lo hago. No puedo aguantarlo. –Miró el teléfono, como si recordara su promesa de llamar a Murray–. Por otra parte, tal vez trabaje luego. ¿Quiere algo de beber?

Fuera, las estrellas se habían oscurecido y lloviznaba, así que la idea de tomar un último trago me pareció agradable, especialmente porque tenía que regresar caminando a mi hotel, que quedaba a quince manzanas del Miyako. Me serví un poco de vodka. Brando no se sirvió licor. Sin embargo, pasado un rato tomó mi vaso y bebió un sorbo, y después lo puso entre los dos.

–Mi madre. Se hizo añicos como si hubiera sido de porcelana –dijo de repente, sin que viniera a cuento, con un tono que expresaba profundo sentimiento. A menudo les había oído decir a los amigos de Brando: «Marlon adoraba a su madre». Pero antes de 1947, y de la *première* de *Un tranvía llamado deseo*, pocos, o quizá ninguno, de los miembros del círculo del actor habían conocido a su padre o a su madre. No sabían nada de su pasado, excepto lo que él les decía.

«Marlon siempre daba una descripción muy pintoresca de la vida en su casa, allá en Illinois», me dijo uno de sus amigos. «Cuando nos enteramos de que su familia venía a Nueva York para el estreno de *Un tranvía...*, todos estábamos muy intrigados. No sabíamos qué esperar. La noche del estreno, Irene Selznick dio una gran fiesta en el Club 21. Marlon fue con sus padres. Bueno, es imposible imaginar a dos personas más atractivas. Altos, bien parecidos, encantadores. Lo que me impresionó, creo que sorprendió a todos, fue la actitud de Marlon hacia ellos. En su presencia, no era el muchacho que conocíamos. Era un hijo modelo. Comedido, respetuoso, muy cortés, considerado en todos los sentidos.»

Brando nació en Omaha, estado de Nebraska, donde su padre era viajante de productos derivados de la cal. Era el tercer hijo, único varón, y pronto le llevaron a Libertyville, Illinois. Allí se establecieron los Brando, en una casa de las afueras que disponía del terreno suficiente para permitirles criar gallinas, gansos y conejos, tener un caballo, un gran danés, veintiocho gatos y una vaca. La tarea diaria de Bud, como entonces llamaban a Marlon, era ordeñar la vaca. Bud parece haber sido un muchacho extrovertido y competitivo.

Cualquiera que se acercara a él se veía arrastrado a participar en algún concurso. ¿Quién puede comer más deprisa? ¿Quién puede permanecer más tiempo sin respirar? ¿Quién es capaz de contar el cuento más disparatado? Bud era rebelde, también. Pasara lo que pasase, se escapaba de casa todos los domingos. Pero él y sus dos hermanas, Frances y Jocelyn, tenían devoción por su madre. Muchos años después, Stella Adler, exprofesora de arte dramático de Brando, describió a la señora Brando, que murió en 1954, como «una criatura muy hermosa, celestial, un ser aniñado que vivía en otro mundo». Siempre, viviera donde viviese, la señora Brando había desempeñado papeles destacados en las producciones de las sociedades dramáticas locales, y siempre había deseado un mundo con más candilejas que el que podía proporcionarle el lugar en que vivía. Estos deseos inspiraron a sus hijos: Frances se dedicó a la pintura, Jocelyn, que ahora es actriz profesional, se interesó por el teatro. Bud también había heredado las inclinaciones teatrales de la madre, pero a los diecisiete años anunció que quería ser sacerdote. (Entonces, como ahora, Brando buscaba algo en que creer. Como uno de los discípulos de Brando dijo en cierta ocasión: «Necesita encontrar algo en la vida, algo dentro de sí que sea verdadero de forma permanente, y necesita dedicar su vida a ello. Para una personalidad tan intensa, nada inferior serviría».) Le convencieron de que no siguiera el sacerdocio, luego le expulsaron del colegio y le declararon inútil para el servicio militar en 1942 por una lesión en la rodilla. Brando hizo las maletas y se fue a Nueva York, donde Bud, el adolescente rollizo, rubio y desgraciado, desaparece para dar lugar al hombre Marlon, un hombre de gran talento.

Brando no se ha olvidado de Bud. Cuando habla del muchacho que fue, este parece vivir en él, como si el tiempo hubiera hecho poco para separar al hombre del chico herido y anhelante.

–A mi padre le era indiferente –dijo–. Nada que yo pudiera hacer le interesaba ni le agradaba. Ahora lo he aceptado. Ahora somos amigos. Nos llevamos bien. –Estos últimos diez años su padre se ha ocupado de sus asuntos financieros; además de Pennebaker Productions, compañía en la que Brando padre es un empleado, han estado asociados en diversas empresas, incluyendo una explotación agropecuaria en Nebraska, en la que Brando invirtió un gran porcentaje de sus primeras ganancias–. Pero mi madre lo era todo para mí. Todo el mundo. Solía llegar a casa del colegio... –Se interrumpió, como si esperara que yo lo imaginara: Bud, con los libros bajo el brazo, arrastrando los pies por la calle, al caer la tarde–. No había nadie en casa. Nada en la nevera. –Más diapositivas: cuartos vacíos, una cocina–. Entonces, sonaba el teléfono. Alguien que llamaba de algún bar. Y decía: «Tenemos a una señora aquí. Mejor que vengan a buscarla». –De repente, Brando se quedó en silencio. El cuadro se desvaneció, o, más bien, quedó fijo: Bud hablando por teléfono. Por fin la imagen volvió a cobrar movimiento, se adelantó en el tiempo. Bud tiene dieciocho años–: Pensaba que si me amaba lo suficiente, que si confiaba en mí lo suficiente, me decía, podríamos estar juntos, en Nueva York: podríamos vivir juntos y yo la cuidaría. Y al fin sucedió. Abandonó a mi padre y se vino a vivir conmigo. A Nueva York, donde yo estaba actuando. Lo intenté todo. Pero mi amor no era suficiente. A ella nada le importaba lo suficiente. Regresó. Y un día... –Su voz se volvió más monótona, pero el tono emotivo cobró intensidad hasta que podía discernirse, como un sonido dentro de otro sonido, una perplejidad herida–. Ya no me importaba. Ella estaba frente a mí. En un cuarto. Trataba de aferrarse a mí. Y la dejé caer. Porque ya no podía soportarlo más, ya no podía ver cómo se iba haciendo añicos, frente a mí, como si hubiera sido de porcelana. Pasé por encima de ella. Y me fui. Me era indiferente. Desde entonces, todo me ha sido indiferente.

Estaba sonando el teléfono. El ruido pareció sacarle de su adormecimiento. Miró a su alrededor, como si se acabara de despertar en un cuarto desconocido, luego sonrió torcidamente, después murmuró:

–Maldición, maldición –mientras acercaba la mano al teléfono–. Lo siento –le dijo a Murray–. Estaba a punto de llamarte... No, ahora se va. Pero dejémoslo correr por esta noche. Son casi las dos... Sí... Claro que sí. Mañana.

Mientras tanto, me había puesto la chaqueta y estaba esperando para despedirme. Me acompañó a la puerta, donde me puse los zapatos.

–Bueno, *sayonara* –me dijo en son de burla–. Dígales abajo que le pidan un taxi. –Luego, cuando yo ya estaba caminando por el pasillo, me dijo, en voz alta–: Y ¡oiga! No preste demasiada atención a lo que digo. Mis sentimientos son muy variables.

En cierto sentido, esa no fue la última vez que le vi aquella noche. Abajo, el vestíbulo del Miyako estaba desierto. No había nadie en el mostrador, ni se veían taxis fuera. Incluso al mediodía, el complicado entramado de las calles de Kioto me ha jugado malas pasadas. Sin embargo, inicié la caminata bajo una llovizna que calaba hasta la médula, en lo que esperaba fuera la dirección correcta. Nunca había estado en la calle tan tarde. Era un contraste marcado con las horas centrales del día, cuando en los barrios que forman el núcleo de la ciudad, poblados por multitudes en fiesta permanente, se oye un ruido discordante parecido al del interior de un *pachinko* (un local donde hay máquinas tragaperras), o de las primeras horas de la noche, que son las más exóticas de Kioto, porque entonces, como flores nocturnas, los faroles enguirnaldan las calles secundarias y esplendorosas geishas, de rostros blancos como cerámica y pelucas laqueadas decoradas con campanillas de plata, se apresuran entre las sombras con su andar cimbreante y saltarín, dirigiéndose a orgías de un meticuloso buen gusto. Pero a las dos de la mañana estos seres exquisitos y grotescos han desaparecido, y los cabarets están cerrados. Solo quedaban para hacerme compañía los gatos, los borrachos y las damas de vida alegre, los bultos como fardos de viejos mendigos en las puertas y algún andrajoso músico callejero que me seguía un trecho tocando música medieval con su flauta. Ya había andado un par de kilómetros cuando, por fin, una de las innumerables callejas me llevó a terreno familiar: el distrito de la calle principal, lleno de casas de apartamentos y cines. Fue entonces cuando volví a ver a Brando. De veinte metros de alto, con una cabeza tan grande como la del mayor de los Budas, allí estaba, en colores de revista infantil, sobre un cartel de cine que anunciaba *La casa de té de la luna de agosto*. Bastante parecida a la de un Buda, también, era su pose, porque estaba en cuclillas, y había una sonrisa serena en el rostro que brillaba gracias a la lluvia y a la luz de un farol de la calle. Una deidad, sí. Pero más que eso, en realidad: simplemente, un hombre joven sentado sobre un montón de pasteles.

JANE BOWLES (1966)

Debe de hacer siete u ocho años que no veo a esa leyenda moderna llamada Jane Bowles, y en todo ese tiempo no he sabido nada de ella, por lo menos en forma directa. Estoy seguro de que sigue igual; bueno, la verdad es que me han dicho que es así varias personas que han viajado recientemente a África del Norte y han estado con ella en algún oscuro café de la Casbah. Dicen que Jane, con su pelo corto y rizado, semejante a una dalia, su nariz torcida, sus ojos brillantes y traviesos, con un leve toque de locura, su insólita voz (de soprano ronca), sus ropas masculinas, su figura de colegiala, y ese andar vacilante, como si cojeara, está más o menos igual que cuando yo la conocí, hace más de veinte años: entonces ya parecía una eterna pilluela, atractiva como la más atractiva de las criaturas, aunque con cierta sustancia más fría que la sangre en sus venas y con un ingenio, una excéntrica sabiduría, que ningún niño, ni el *Wunderkind* más fuera de lo común, ha poseído nunca.

Cuando conocí a la señora Bowles (¿1944?, ¿1945?) ya era, en ciertos ambientes, una figura célebre: aunque solo tenía veintitantos años, ya había publicado una novela muy personal y muy notable: *Dos damas muy serias*; estaba casada con Paul Bowles, escritor y compositor de talento, y junto con él vivía en la encantadora pensión establecida en Brooklyn Heights por el difunto George Davis. Entre los compañeros de pensión de los Bowles se encontraban Richard y Ellen Wright, W. H. Auden, Benjamin Britten, Oliver Smith, Carson McCullers, Gypsy Rose Lee y (me parece recordar) un domador de chimpancés que vivía allí con una de sus estrellas. En resumen, los huéspedes de aquella pensión eran gentes fuera de lo común. Pero, aun en medio de aquella reunión de personalidades extraordinarias, la señora Bowles, en virtud de su talento y de las extrañas visiones que este llevaba implícitas, y también por la sorprendente combinación de candor juguetón y sofisticación felina de su personalidad, hacía sentir siempre su presencia imponente y teatral.

Jane Bowles es una lingüista de tomo y lomo. Habla, con la mayor seguridad, francés, español y árabe, y tal vez por eso parece, o me lo parece a mí, que los diálogos de sus narraciones han sido traducidos al inglés de una deliciosa combinación de otros idiomas. Además, ha aprendido estos idiomas por sí sola, como consecuencia de su naturaleza nómada: al marcharse de Nueva York vagabundeó por toda Europa, de allí, y ante la inminencia de la guerra, se fue a América Central y México, luego aterrizó por un tiempo en medio de la histórica mezcolanza de Brooklyn Heights.

Desde 1947 ha vivido de modo casi permanente en el extranjero: en París o Ceilán, pero sobre todo en Tánger. En realidad, se puede decir que Jane y Paul Bowles son tangerinos de adopción, ya que su afición por esta ciudad portuaria de calles empinadas y violentos contrastes de luces y sombras es total. Tánger está formada por dos partes que no hacen juego, una de ellas una zona moderna y aburrida llena de edificios de oficinas y altos y tristes bloques de apartamentos, y la otra una Casbah desde la que desciende una maraña medieval de callejas y rincones y plazas en las que se huele a kif y a menta hasta el puerto, donde bullen los marineros y resuena el estruendo de las sirenas. Los Bowles se han establecido en los dos sectores: tienen un apartamento esterilizado, *tout confort*, en la zona más moderna, y también un refugio escondido en medio del barrio árabe: una casa marroquí que debe de ser una de las más pequeñas de la ciudad, de techos tan bajos que uno tiene que caminar casi literalmente a cuatro patas de cuarto en cuarto, aunque los cuartos en sí son como una serie encantadora de Vuillard tamaño postal: almohadones morunos desparramados sobre alfombras con diseños morunos, todo muy íntimo e iluminado por intrincados tragaluces y ventanas que dejan pasar la luz de los cielos azules y que dan a una vista que comprende minaretes y barcos y los techos azulados de las viviendas de los marroquíes, que se alejan como una fantasmal escalera hacia la costa deslumbrante. O así recuerdo yo Tánger cuando la visité un atardecer hace, oh, unos quince años.

Hay un verso de Edith Sitwell: *Jane, Jane, the morning light creaks down again* («Jane, Jane, la luz de la mañana vuelve a crujir»). Es de un poema que siempre me ha gustado, aunque, como me ocurre tan a menudo con esta autora, no acabo de entenderlo por completo. A menos que «luz de la mañana» sea una imagen que significa el recuerdo (?). Mis recuerdos más satisfactorios de Jane Bowles giran alrededor de un mes pasado en habitaciones contiguas en un destartalado y agradable hotel en la calle Bac un invierno helado en París, en enero de 1951. Muchas de aquellas frías veladas las pasamos en la abrigada habitación de Jane (llena de libros, papeles, comida y un vivaz cachorro de pequinés que le había comprado a un marinero español). Largas veladas pasadas escuchando un fonógrafo y bebiendo aguardiente de manzana caliente mientras Jane cocinaba guisados chapuceros y maravillosos sobre un hornillo eléctrico: es buena cocinera, sí señor, y una especie de glotona, como se podría sospechar leyendo sus cuentos, que abundan en relatos de comidas y sus ingredientes. La cocina es solo uno de sus talentos insólitos; también es una imitadora exacta, y puede recrear con nostálgica admiración las voces de ciertas cantantes, por ejemplo Helen Morgan, y su íntima amiga, Libby Holman. Años después escribí un cuento titulado «Among the Paths to Eden» en el que, sin darme cuenta, atribuía a la heroína varias de las características de Jane Bowles: la cojera, las gafas, su brillante y conmovedora habilidad como imitadora. («Ella esperó, como si aguardara que la música le diera el tono; luego empezó: "¡No me dejes nunca, ahora que estás aquí! Este es tu lugar. Todo parece ir bien cuando estás cerca. Cuando no estás, todo va mal". Y el señor Belli se sorprendió, porque lo que estaba oyendo era exactamente la voz de Helen Morgan, y esa voz, con su vulnerable dulzura y refinamiento, con aquel temblor tierno que hacía tambalearse las notas altas, no era algo prestado, sino que era la voz de Mary O'Meaghan, la expresión natural de una identidad oculta.») No pensé en la señora Bowles cuando inventé a Mary O'Meaghan, un personaje al que no se parece en absoluto, pero da la medida de la poderosa impresión que siempre ha causado en mí el hecho de que algún fragmento de ella emergiera de esa manera.

Aquel invierno Jane estaba escribiendo *In the Summer House*, la obra de teatro que luego fue producida en Nueva York tan delicadamente.

No me gusta demasiado el teatro: a menudo no aguanto permanecer sentado hasta que termina la obra. Sin embargo, vi *In the Summer House* tres veces, y no por lealtad hacia la autora, sino porque muestra un humor difícil, porque tiene el sabor de un brebaje recién probado, refrescantemente amargo, las cualidades que inicialmente me atrajeron en la novela de la señora Bowles *Dos damas muy serias*.

Mi única queja contra la obra de la señora Bowles no es que carezca de calidad, sino que le falta cantidad. Ese libro constituye su obra completa, por así decirlo. Y aunque estamos agradecidos por tenerlo, nos gustaría que hubiera otros más. Una vez que estábamos discutiendo la obra de un colega que escribe con mucha más facilidad que ella o yo, Jane dijo: «Pero para él es muy fácil. No tiene más que dejar correr la mano. Solo dejar correr la mano». En realidad, escribir nunca es fácil: en caso de que alguien no lo sepa, es lo más difícil que existe, y para Jane creo que es doloroso, de tan difícil. Y por qué no, si tanto su idioma como sus temas son buscados recorriendo senderos tortuosos y pétreas canteras: las relaciones, entre sus personajes, que nunca acaban de cuajar, y las aflicciones mentales y físicas con las que los rodea y los satura; en su obra cada habitación es un lugar atroz y cada paisaje urbano es una creación de las hoscas luces de neón. Y, sin embargo, aunque la visión trágica es fundamental en ella, y Jane Bowles es una escritora muy cómica, una especie de humorista, no se la puede adscribir al denominado humor negro, porque este, no obstante ser un encantador artificio, carece por completo de compasión. La comprensión sutil que tiene Jane Bowles de la excentricidad y la soledad humanas, tal como lo manifiesta su obra, exige que tengamos su arte en alta estima.

CECIL BEATON (1969)

Titular un libro *The Best of Beaton* (Lo mejor de Beaton) es ciertamente atractivo, pero inexacto, a menos que un libro así llamado contenga magníficos ejemplos de las muchas facetas de Beaton: sus decorados, sus diseños de vestuarios, sus bosquejos y sus cuadros, páginas reimpresas de sus notables diarios y por lo menos varias transcripciones literales de sus dotes de conversador, porque seguramente Cecil es uno de los pocos artistas que quedan en este campo cada vez más olvidado.

No lo sé, ni se lo he preguntado nunca, pero sospecho que a Cecil le gustaría ser recordado por su talento en otros campos que no sean la fotografía, fenómeno muy común en aquellas personas que tienen dotes múltiples: a menudo prefieren más bien disminuir lo más original. Podría decirse que Beaton careció de talento específico hasta que, siendo un joven ambicioso pero poco sensato, de enorme sensibilidad, empezó a usar una cámara: fue la cámara, aunque parezca curioso, la que dejó en libertad todas las demás venas más sutilmente creativas.

Y a pesar de la probada brillantez de sus otras musas, Beaton ha adquirido importancia cultural como fotógrafo, no solo debido a la excelencia individual de su propio trabajo, sino por su influencia sobre la obra de los mejores fotógrafos de las últimas dos generaciones: aunque no lo admitan, aunque ni siquiera sean conscientes de ello, casi no existe un fotógrafo contemporáneo de primera fila, de cualquier nacionalidad, que no le deba algo a Cecil Beaton. ¿Por qué? Miren las fotos. Hasta las primeras presagian una influencia futura sobre multitud de artistas de la cámara. Por ejemplo, las fotos de Lady Oxford y de Edith Sitwell, hechas en la década de 1920: nadie había fotografiado antes los rostros de esa forma, rodeándolos de un decorado tan neorromántico y estilizado (lana de vidrio, estatuas enmascaradas, moldes para pasteles y vestidos extravagantes: todos los ingredientes del propio surrealismo de Beaton), ni los había iluminado con una luminosidad tan laqueada. Y lo que sucede es que estos retratos no parecen haber pasado de moda, ni tampoco, en un sentido técnico, las llamadas «fotos de modas». (La actitud de los fotógrafos hacia la fotografía de modas, y la posición que tiene en su carrera, es algo ambiguo. Con excepción de Cartier-Bresson, un hombre que no necesita trabajar para vivir, no puedo nombrar en este momento a ningún fotógrafo que se gane seriamente la vida en su oficio si no trabaja también para revistas de modas o para agencias de publicidad. Y ¿por qué no? Disciplina al artista y desarrolla su inventiva. Beaton, como muchos otros, debe muchas de sus fotografías más interesantes a las limitaciones impuestas por factores puramente comerciales. Pero los fotógrafos, como raza, no parecen derivar mucho placer de su labor en esos campos. No me refiero a Beaton: él es demasiado artista y está lo bastante desprovisto de pretensiones para no sentirse agradecido por el mérito de su trabajo en cualquier estilo.)

Pero volvamos a la cuestión de que sus fotos no envejecen y poseen una cualidad intemporal. Por supuesto, en algunos casos Beaton ya ha hecho intemporales sus retratos al ambientarlos en el pasado, por ejemplo, el pastiche de los daguerrotipos victorianos: la combinación de lo moderno con lo antiguo crea su propio tiempo: un tiempo en suspenso. Pero cuando uno habla de lo intemporal, no es a esto a lo que se refiere. ¿A qué se refiere, entonces? Bueno, a cualquiera de las series que Beaton llama Secuencias Temporales, temas que él tuvo la oportunidad de fotografiar en períodos que abarcan hasta cuatro décadas. Uno observa a un Picasso que engorda lentamente, aunque siempre sus ojos se mantienen lustrosos y un tanto maniáticos; o a un Auden que empieza como un cachorro de sabueso, debidamente arrugado, y termina parecido al padre del sabueso, con grandes bolsas y manchado de tabaco; o a Cocteau, frágil, fresco y costoso como una ramita de muguete en enero y más tarde, con sus dedos enjoyados, como un recuerdo proustiano animado. Ninguno de estos estudios depende, para su efecto, de la relación con el resto de la secuencia. Separado, cualquiera de ellos parece una imagen intemporal y definitiva del hombre. Sin embargo, es extraño, y triste, y regocijante, ver estos rostros a medida que fluyen a través del tiempo, congelados por una técnica de luz y sombra manipulada con sensibilidad.

No es difícil discernir la influencia de Beaton en la obra de otros: tarea más compleja es identificar a los que han influido en él. Evidentemente, tiene una deuda con el barón de Meyer, ese artista original y trágico que contribuyó con fotografías de pionera estilización a los primeros números de *Vanity Fair*. Beaton, con su propio sentido de la elegancia, fue el primer descendiente directo del barón. Y Beaton admiraba a Steichen. Pero es imposible no encontrar a un fotógrafo que no tenga una deuda con Steichen. En mi opinión, no es que la obra de Beaton refleje fuentes artísticas, sino más bien sus intereses sociales particulares y el temperamento de su época. Por ejemplo, en 1938 y 1939 Beaton fotografió a numerosas personalidades no entre flores y los decorados suaves del estudio, sino a través de las ventanas rotas de siniestras casas y fábricas abandonadas. Estas fotos son como cartas febriles del futuro, una predicción de las bombas que no tardarían en estallar.

Hablando de esto, hay que decir que uno de los logros más distinguidos y versátiles de Beaton son sus fotografías de guerra, esas láminas humeantes de Londres en pedazos, de cielos violentos y niños vendados: con ellas el artista consigue un patetismo brutal, un color más áspero del que el observador asocia por lo general con su paleta fotográfica. Esto también se aplica a las fotografías de la India y la China, países en los que sirvió durante la guerra. No son fotografías bélicas en el sentido que lo fueron las de Cim o las de Capa, aunque sin embargo son documentos de guerra de una dolorosa penetración poética que ilustran una faceta de Beaton que no ha recibido el reconocimiento suficiente. Actualmente un fotógrafo profesional es, por necesidad, casi un viajero profesional: los editores que contratan sus servicios los meten en reactores que los llevan por el mundo en busca de Dios sabe qué. Hasta los fotógrafos profesionales de menos talento se ganan la vida de esta manera (y permítaseme decir de paso que el noventa o el noventa y cinco por ciento de los fotógrafos profesionales tienen realmente poco talento: extraño negocio, en verdad, hasta el punto de que unos pocos de los muy pocos fotógrafos realmente buenos en secreto se consideran miembros de una especie de banda de gánsteres). Pero Cecil siempre ha sido un vagabundo decidido, y de joven viajó en cargueros desde Haití hasta Marruecos. Yo, que también soy un vagabundo, me he encontrado al señor Beaton en los lugares más inesperados. En la playa, en Waikiki, con música de hulas como trasfondo. En un olivar en Sicilia, en un monasterio griego, en el vestíbulo del Ritz de Barcelona, junto a la piscina del Hotel Bel Air, sentado a una mesa de café en la Casbah de Tánger, en un junco en la bahía de Hong Kong, detrás del telón en una obra musical en Broadway, en un teleférico subiendo a un monte en Suiza, en una casa de geishas en Kioto, entre las ruinas de Angkor Wat, en los templos de Bangkok, a bordo del yate de Daisy Fellowes, el Sister Ann, en un club nocturno de Harlem, en un *palazzo* veneciano, en un anticuario de París, en una zapatería de Londres, etcétera, etcétera. Lo que quiero decir es que he observado a Beaton en todos los climas, mentales o no, y a menudo he tenido el privilegio de verle trabajar con una cámara: en realidad, de vez en cuando hemos colaborado: he escrito el texto que acompañaba a sus fotografías. He tenido esa clase de experiencia con otros fotógrafos, en especial Henri Cartier-Bresson y Richard Avedon, a quienes respeto mucho: considero que, junto con Beaton, deberían ocupar los tres primeros lugares en cualquier lista de los mejores fotógrafos del mundo. Pero ¡qué distinto es cada uno a la hora de trabajar! Avedon es principalmente un fotógrafo de estudio; de cualquier manera, parece más cómodo y creativo en medio de máquinas que funcionen a la perfección y de atentos ayudantes. Trabajé con Avedon hace poco, en condiciones primitivas, haciendo un reportaje en el Medio Oeste norteamericano; no tenía ayudante y usaba una cámara japonesa recientemente introducida que es capaz de tomar más de cien fotos antes de que haya que cambiarle la película. Trabajamos como esclavos toda la mañana, anduvimos kilómetros y kilómetros en medio del polvo y el calor y luego, cuando volvimos al motel en que nos alojábamos, Avedon, con una risita nerviosa, anunció de repente que todo nuestro trabajo había sido en vano: hacía tantos años que no trabajaba sin ayudantes, que siempre le preparaban el material, que se había olvidado de ponerle la película a la cámara.

Cartier-Bresson es otra *tasse de thé*, por completo, es autosuficiente hasta la exageración. Recuerdo una vez que le vi trabajar en una calle de Nueva Orleans;

bailaba por la calle como una libélula agitada, con tres Leicas suspendidas alrededor de su cuello y una cuarta pegada al ojo; hacía clic-clic-clic (la cámara parece parte de su cuerpo) continuamente, con alegre intensidad y una absorción religiosa. Bresson es nervioso, alegre y compenetrado, un «solitario» del arte, con una pizca de fanatismo.

Pero Beaton no. Este hombre, con esos ojos azules tranquilos (a veces fríos) y esas cejas levemente levantadas, es tan casual y despreocupado como parece: con una cámara en la mano, sabe lo que hace, eso es todo, no hay necesidad de perder la paciencia o adoptar posturas afectadas. A diferencia de muchos de sus colegas, nunca he oído hablar a Cecil de la Técnica o el Arte o la Honestidad. Él, simplemente, hace fotos y espera que le paguen por ello. Pero su manera de trabajar es muy especial. Una de las cosas que inmediatamente llaman la atención acerca del comportamiento de Beaton es la forma en que crea la ilusión de un tiempo sin fin. Aunque aparentemente siempre trabaja presionado por un horario descorazonador, sería imposible suponer que no es un caballero de ocio casi tropical: si tiene diez minutos para tomar un avión y está hablando por teléfono con alguien, no hace nada para acortar la llamada, sino que continúa desplegando sus maravillosos modales. Sin embargo, uno puede estar completamente seguro de que no va a perder el avión. Lo mismo sucede con sus modelos: la persona que posa para Beaton tiene la sensación de estar flotando ligeramente en el espacio, le parece que no le están fotografiando sino pintando, y quien lo hace es una presencia casual y apenas visible. Pero Beaton está allí, sin duda. A pesar de su paso imperceptible, es una de las personas más «presentes» que existen: su inteligencia visual es genial, nunca se podrá inventar una cámara que pueda cubrir o captar todo lo que él ve. Escucharle describir en términos estrictamente visuales una persona o un cuarto o un paisaje es oír un recitado que puede ser hilarante o brutal o muy hermoso, pero que, por cierto, siempre será brillante. Y eso, esa extraordinaria inteligencia visual que se manifiesta en sus fotos, por más diluida que esté, es lo que hace que la obra de Beaton sea única, que preserve detalles que los historiadores de siglos venideros agradecerán más de lo que agradecemos ahora nosotros.

ELIZABETH TAYLOR (1974)

Hace algunos años, algo más de quince, un amigo y yo decidimos incluir en el programa de las actividades sociales neoyorquinas la convocatoria de una serie de almuerzos con invitado sorpresa; la idea parecía suficientemente divertida para febrero, el mes más aburrido en Nueva York, así que mi amigo y yo invitamos a otros cuatro amigos a un almuerzo en un apartamento. La idea consistía en que cada uno de los seis comensales aportase un invitado adicional, un invitado «misterioso», a ser posible alguien interesante y famoso, pero al que el resto de los comensales, o al menos la mayor parte de estos, no conociera personalmente. Yo elegí al doctor J. Robert Oppenheimer, pero ya tenía un compromiso; la verdad es que ya no recuerdo a quién llevé. Pero sí recuerdo la aportación de Lady Keith, que era en aquel entonces la señora Leland Hayward. Lady Keith, a la que sus amigos llaman Slim,[1] es una alta

1. *Slim*: delgada, esbelta. *(N. del T.)*

y juguetona aristócrata criada en California (el norte de California, habría que especificar), dueña de las más hermosas piernas, tobillos y pies existentes. Su «sorpresa», Elizabeth Taylor, era, en comparación, prácticamente una enana; sus piernas, como las de la señora Onassis, resultan demasiado cortas para su torso, y la cabeza es excesivamente voluminosa en relación con el conjunto; pero la cara, con esos ojos de color lila, es el sueño de un presidiario, el rostro ansiado por cualquier secretaria: irreal e inalcanzable, y al mismo tiempo tímida, excesivamente vulnerable y muy humana, con un leve brillo de suspicacia resplandeciendo en el fondo de aquellos ojos color lila.

Ya habíamos coincidido en una ocasión, una tarde de verano, en la granja de un amigo común en Connecticut. En aquel entonces, su tercer marido, el fuerte, bajo y atractivo Mike Todd, aún no había sufrido el accidente aéreo, aún estaba vivo y casado con aquella hermosa criatura que parecía colada por él.

A menudo, cuando las parejas hacen ostentosas exhibiciones de sí mismos, besándose, abrazándose y sobándose a todas horas..., bueno, uno suele imaginarse que la relación debe de estar pasando por serias dificultades. Pero con ellos no fue así. Los recuerdo, aquella tarde, tomando el sol, echados en un campo lleno de margaritas, cogidos de la mano y besándose mientras una camada de seis u ocho gruesos cachorros de perro de Terranova se revolcaban sobre sus estómagos y se enredaban con sus cabellos.

Pero no fue hasta que la reencontré como invitada de Slim Hayward que Elizabeth Taylor me impresionó, al menos como persona; como actriz siempre me había gustado, desde *National Velvet* en adelante, pero sobre todo en el papel de la chica rica en *Un lugar en el sol.*

En los años que habían pasado desde nuestro primer encuentro, le habían sucedido muchas cosas, pero las dos peores eran que Mike Todd había muerto y que ella se había casado con el «cantante» Eddie Fisher, un hecho casi tan incongruente como las nupcias griegas de la señora Kennedy. Sin embargo, ninguno de estos sucesos había debilitado el febril encanto que, como una luz ligeramente parpadeante, irradia Elizabeth Taylor.

El almuerzo fue largo y hablamos mucho. Mi primer descubrimiento sobre ella fue que, a pesar de una graciosa abundancia de tacos, resultó ser, en diversos ámbitos, una moralista, bastante estricta, casi calvinista. Por ejemplo, la perturbaba la idea de interpretar a la malhadada y hedonista heroína de *Una mujer marcada* de John O'Hara;[1] tenía un contrato inquebrantable que la obligaba a hacer el papel (por el que ganaría un Óscar), pero le hubiera encantado poder dejarlo correr, porque: «No me gusta esa chica. No me gusta lo que representa. Su sórdida vacuidad. Los hombres. El acostarse con todo el mundo».

En ese momento me acordé de una conversación con Marilyn Monroe (no pretendo comparar a Elizabeth Taylor con Marilyn Monroe; eran pájaros de diferente plumaje, la primera una profesional de decisio-

1. Capote se refiere a la versión cinematográfica, dirigida por Daniel Mann en 1960. *(N. del T.)*

nes drásticas, la otra una mujer primaria, una insegura patológica dotada de un talento natural). Pero los planteamientos morales de Marilyn eran parecidos: «No soy partidaria de las relaciones de una noche. Acertada o equivocadamente, si voy por un hombre, siento que debo casarme con él. No sé por qué; tal vez sea una estupidez, pero yo lo veo así. Y si no es eso, entonces tiene que significar algo, ser algo más que una relación meramente física. Resulta gracioso, teniendo en cuenta la reputación que tengo, y que quizá me merezca. Aunque a mí no me lo parece. Me refiero a que me la merezca. La gente no entiende lo que te puede pasar sin tu auténtico consentimiento; consentimiento interior».

La segunda sorpresa fue descubrir lo muy leída que parecía ser Elizabeth Taylor; no quiero decir que hiciera ostentación, o que se las diese de intelectual, pero resultaba evidente que le interesaban los libros y, aunque de una manera desordenada, había leído muchos. Y hablaba sobre ellos con una considerable comprensión del proceso creativo. En resumidas cuentas, hacía que uno se preguntase sobre los hombres de su vida; con la excepción de Mike Todd, que hacía gala de cierta brillantez y desparpajo, el resto de sus maridos hasta aquel momento –Nicky Hilton, Michael Wilding y el señor Fisher– no habían destacado precisamente como luminarias; ¿de qué demonios podía hablar con ellos aquella mujer tremendamente despierta y de mente rápida? «Bueno, una no siempre logra cobrar la pieza que desearía. A algunos de los hombres que realmente me gustaban, no les gustaban las mujeres.» Y entonces empezamos a hablar de un amigo común,

Montgomery Clift, el joven actor con el que había compartido cartel en *Un lugar en el sol*, y por el que experimentaba un cariñoso sentimiento protector.

«¿Sabes?», me comentó, «ocurrió en mi casa. O mejor dicho, justo después de que dejase mi casa. Había bebido mucho y perdió el control del coche. Estaba realmente muy bien antes de eso..., antes del accidente. Bueno, siempre había bebido demasiado..., pero fue después del accidente cuando se convirtió en un adicto a todas esas pastillas y calmantes. Y nadie sale indemne de eso a perpetuidad. Hace más de un año que no le veo, ¿y tú?»

Le dije que sí, que le había visto. Me llamó pocos días antes de Navidad, y parecía en forma. Me preguntó si tenía algún compromiso para comer, y como no lo tenía, pues solo pensaba ir de compras navideñas, me propuso invitarme a comer a Le Pavillon si le llevaba conmigo. Durante el almuerzo bebió un par de martinis, pero estuvo sensato y muy divertido; sin embargo, al salir se metió en el lavabo de caballeros, y allí debió de tomarse algo, porque al cabo de unos veinte minutos volaba.

Estábamos en Gucci y él había escogido y amontonado sobre un mostrador unas dos docenas de carísimos jerséis. De pronto, los agarró todos y salió caminando tranquilamente a la calle, donde estaba lloviendo a cántaros. Tiró los jerséis al suelo y empezó a darles patadas.

Los empleados de Gucci se lo tomaron con calma.

Uno de los dependientes sacó un bolígrafo y un talonario de facturas y me preguntó: «¿A nombre de quién debo cargar estos jerséis?». El hecho era que, realmente, no lo sabía. Dijo que necesitaba alguna identificación, así que salí a la calle, donde Monty seguía propinando patadas a los jerséis (observado por un creciente grupo de mirones), y le pregunté si tenía alguna tarjeta de crédito. Me miró con una altivez absolutamente maníaca y desproporcionada y me dijo: «¡Mi rostro es mi tarjeta de crédito!».

El rostro de Elizabeth Taylor, con esos ojos siempre tan acuosos, adquirió un aire aún más brumoso. «No puede seguir así. Eso le va a matar.» Estaba en lo cierto; lo hizo. Y si no lo hizo antes fue en gran medida gracias a la comprensión e insistencia de Elizabeth en un período en el que los productores se mostraban reticentes a contratar a Clift y en el que trabajaron juntos en *De repente, el último verano*, que fue la última actuación destacable del actor y una de las mejores de Elizabeth Taylor, con la excepción, muchos años después, de la finura, mal genio e histeria contenida con las que enriqueció el papel de la esposa alcohólica en *¿Quién teme a Virginia Woolf?* de Albee.[1]

Pasaron varios años antes de que volviéramos a encontrarnos, en esa ocasión en Londres, donde ella estaba esperando el momento de poner rumbo a Roma y al papel de protagonista en aquella *Cleopatra* predestinada al fracaso. Ella y el «Pinche», tal como llamaban muchos de sus amigos al señor Fisher, vivían en un ático del Dorchester.

1. De nuevo se refiere a la versión cinematográfica, dirigida por Mike Nichols en 1966, y que supuso el segundo Óscar para la actriz. *(N. del T.)*

Yo ya había estado a menudo en aquel ático, porque otro amigo había vivido en él. Oliver Messel lo había remodelado, y era bastante bonito, o lo había sido; durante la estancia de Elizabeth Taylor, las habitaciones estaban tan repletas de gatos en plena muda de pelo, de perros en estado semisalvaje y de una atmósfera global de caótica mezcolanza, que no era fácil rastrear el toque de Messel.

La primera noche que vi a Elizabeth Taylor en aquel entorno, intentó por todos los medios endosarme un encantador gatito que había recogido en la calle. «¿No? ¡Qué malo que eres! No puedo cargar con toda esta...», y abrió los brazos en un gesto que englobaba la magnitud de sus cargas: bichos suficientes para proveer a una tienda de animales, un secretario que estaba sirviendo bebidas, una doncella que entraba y salía de la habitación con paso rápido, desplegando unos vestidos que acababan de traer («Vienen todos de París. Pero la mayoría tengo que devolverlos. No puedo permitírmelos. No tengo un centavo. Y él tampoco. Debbie Reynolds, con perdón por la expresión, se lo ha chupado todo»), por no mencionar al «Pinche», que estaba sentado en el sofá, frotándose los ojos como si estuviera tratando de desperezarse después de echar una cabezada.

–¿Qué pasa? –le preguntó ella–. ¿Por qué no paras de frotarte los ojos?

–¡Es por tanta lectura! –se quejó él.

–¿Qué tanta lectura?

–Aquello que me dijiste que tenía que leer. Lo he intentado. Pero no puedo.

Ella apartó los ojos de él desdeñosamente.

–Se refiere a *Matar a un ruiseñor.* ¿Lo has leído? Acaban de publicarlo. Me parece un libro maravilloso.

Sí, lo había leído; de hecho, le comenté, la autora, Harper Lee, era una amiga de mi infancia. Crecimos juntos en una pequeña ciudad de Alabama, y su libro era más o menos autobiográfico, un *roman à clef*; y la verdad es que se suponía que Dill, uno de los personajes principales, era yo.

–Ya lo ves –le dijo ella a su marido–. Puede que no tenga muchos estudios, pero de un modo u otro, sabía que lo que contaba el libro era real. Me gustan las cosas reales.

El «Pinche» le lanzó una extraña mirada.

–Oh, ¿de verdad?

Al cabo de unos días, le telefoneé una mañana, y fui informado por su secretaria de que estaba en el hospital, algo que la prensa vespertina de Londres confirmó: LIZ EN ESTADO CRÍTICO.

Cuando el señor Fisher se puso al teléfono, el hombre ya estaba inclinado hacia el abismo de las lamentaciones: «Parece que voy a perder a mi nena». Se le veía apesadumbrado, aunque no con la elegancia que él pretendía.

Entonces me enteré de que finalmente ella no había muerto, así que me pasé por el hospital para llevarle algunos libros y, para mi sorpresa, fui conducido directamente a su habitación. Me quedé muy impresionado por lo pequeña que era; al menos no estaba en una sala común, pero aquel claustrofóbico armario, completamente copado por una estrecha cama metálica y una silla de madera, no parecía un anfiteatro apropiado para la lucha entre la vida y la muerte de una reina de la pantalla.

Estaba muy animada, a pesar de que era patente que había pasado por un horrible trance. Se la veía mucho más blanca que las sábanas del hospital, y sus ojos, sin maquillaje, parecían amoratados e hinchados, como los de un niño lloroso. Se estaba recuperando de una neumonía. «Tenía el pecho y los pulmones llenos de una especie de espeso fuego negro. Tuvieron que hacerme un agujero en la garganta para drenarme el fuego. Fíjate», dijo, señalándose una herida en la garganta obturada con un pequeño tampón de goma. «Si me quito esto, me quedo sin voz», y se lo quitó y, efectivamente, se quedó sin voz, cosa que me alteró de una manera que la divirtió.

Se estaba riendo, pero yo no oí su risa hasta que se reinsertó el tampón. «Ha sido la segunda vez en mi vida que he sentido que me moría, que he tenido la certeza. O tal vez la tercera. Pero esta ha sido la más real. Era como cabalgar sobre un mar encrespado. Y deslizarse después tras la línea del horizonte. Con el rugido del mar metido en la cabeza. Supongo que en realidad era el ruido de mi dificultosa respiración. No», dijo, respondiendo a una pregunta, «no estaba asustada. No tuve tiempo para estarlo. Estaba demasiado ocupada luchando. No quería traspasar ese horizonte. Y no lo haré. Eso no me va.»

Tal vez no; no como a Marilyn Monroe y a Judy Garland, que habían suspirado por traspasar ese horizonte y algún arco iris aún más oscuro y antes de lograrlo intentaron el viaje en innumerables ocasiones. Pero, a pesar de todo, había ciertos rasgos comunes que las hermanaban a las tres, Taylor, Monroe y Garland; conocí bastante bien a las dos últimas, y sí, realmente había algo. Un extremismo emocional, una necesidad peligrosamente intensa de ser amadas más que de amar, el impetuoso deseo de un jugador incompetente de romper una mala racha.

–¿Te apetece un poco de champán? –me preguntó, señalando una botella de Dom Pérignon puesta a enfriar en una cubeta junto a la cama–. Se supone que no debo beber. Pero... bueno. Quiero decir que cuando has pasado por lo que he pasado yo...

Se rió y una vez más se destapó la incisión de la garganta, silenciando su risa.

Descorché el champán y llené dos espantosos vasos blancos de plástico del hospital.

–¡Ah! –suspiró–, ¡qué maravilla! Me encanta el champán. El problema es que provoca un mal aliento crónico. Dime, ¿has pensado alguna vez que te estabas muriendo?

–Sí. Una vez tuve una inflamación de apéndice. Y en otra ocasión, vadeando un riachuelo, me mordió una serpiente de agua.

–¿Y tuviste miedo?

–Bueno, era un crío. Claro que tuve miedo. No sé si ahora lo tendría.

Reflexionó, y dijo:

–Mi problema es que no puedo permitirme morir. No es que tenga ningún gran compromiso artístico..., antes de lo de Mike, antes de lo que le pasó, estuve planteándome dejar el cine; pensaba que ya estaba harta de ese maldito asunto... Solo compromisos económicos y afectivos; ¿qué sería de mis hijos? ¿O de mis perros, bien mirado? –Se había acabado el champán. Le serví otro vaso, y cuando volvió a hablar, parecía estar haciéndolo básicamente consigo misma–: Todo el mundo quiere vivir. Incluso cuando no quieren, cuando creen que no quieren. Pero de lo que estoy segura es de que me va a suceder algo. Algo que lo cambiará todo. ¿Qué crees que puede ser?

–¿Amor?

–¿Qué clase de amor?

–Bueno... ¡Oh! El típico.

–No puede ser nada típico.

–Entonces, ¿quizá una experiencia religiosa?

–¡Vaya tontería! –Se mordisqueó el labio, preocupada. Pero al cabo de un rato se rió y dijo–: ¿Qué tal amor combinado con una experiencia religiosa?

Pasaron varios años antes de que volviésemos a encontrarnos, y cuando eso sucedió me pareció que era yo el que se estaba sumiendo en una experiencia religiosa. Era una noche de invierno en Nueva York, y yo estaba en una limusina con Elizabeth Taylor y Richard Burton, el talentoso vástago de un minero que había sustituido al «Pinche».

El chófer del actor estaba alejándose, o trataba de hacerlo, de un teatro de Broadway en el que Burton actuaba. Pero el coche no podía avanzar debido a los miles, realmente miles, de personas que alborotaban en la calle, vitoreando y aullando, empeñados en ver un instante a los amantes más célebres desde que la señora

Simpson se dignó aceptar a su rey. Caras húmedas y fantasmales se aplastaban contra las ventanillas del coche; fornidas muchachas en un exaltado estado de excitación libidinosa aporreaban el techo; y cientos de personas que salían de otros teatros se encontraban de pronto absorbidas por la concentración de alegres y llorosos fanáticos admiradores de la pareja Burton-Taylor. La escena era como un alud que hubiera quedado bloqueado y que nada, ni siquiera un pelotón de policías a caballo acosando a la multitud con sus porras –con bastantes buenos modos– podía mover.

Era evidente que a Richard Burton, un hombre de ojos claros, melodiosa voz de acento galés y tez tan áspera que se podría encender un fósforo en ella, le encantaba aquel follón.

–Es todo un fenómeno –comentó, sonriendo con una perfecta sonrisa repleta de costosos dientes–. Elizabeth viene todas las noches a buscarme después de la función, y cada vez aparecen estos..., estos..., estos...

–Maníacos sexuales –interpuso fríamente su esposa.

–Estas multitudes entusiastas –la corrigió él, con un ligero tono de reprimenda–, esperando..., esperando...

–A ver a un par de monstruos pecadores. Por el amor de Dios, Richard, ¿no te das cuenta de que el único motivo de que ocurra todo esto es que piensan que somos unos pecadores y unos monstruos?

Un viejo que se había subido sobre el capó empezó a gritar obscenidades cuando de pronto el coche emprendió una abrupta huida y él resbaló del capó y cayó bajo los cascos de los encabritados caballos.

Elizabeth Taylor estaba trastornada.

–Eso es lo que siempre me preocupa. Que alguien salga mal parado.

Pero a Richard Burton no parecía importarle.

–Sinatra estaba con nosotros la otra noche. No lograba sobreponerse. Dijo que nunca había visto nada parecido. Estaba realmente impresionado.

Bueno, era de verdad impresionante. Y deprimente. A Elizabeth Taylor la deprimía, y en cuanto por fin llegamos al hotel en el que se hospedaban –y en el que se había concentrado otro grupo para aclamar su llegada–, se sirvió una especie de vodka triple. Y Richard Burton hizo otro tanto.

El champán siguió al vodka, y el servicio de habitaciones trajo un bufé de madrugada no precisamente maravilloso, del que Burton y Taylor dieron cuenta con voracidad; me he percatado de que los actores y los bailarines parecen sentir a todas horas un incontrolable apetito, a pesar de lo cual su peso se mantiene en un extraño y etéreo nivel (incluida Elizabeth Taylor, a la que nunca, cuando no está ante las cámaras, se la ve tan rolliza como en algunas ocasiones aparece en las fotografías; la cámara tiene tendencia a añadir unos quince kilos; y en eso ni siquiera Audrey Hepburn es una excepción).

Gradualmente uno iba tomando conciencia de la excesiva tensión que había entre ellos dos, con constantes confrontaciones verbales, una réplica reminiscente del marido y la mujer de *¿Quién teme a Virginia Woolf?* A pesar de todo, era la tensión de una aventura amorosa, de dos personas que han contraído un mutuo compromiso físico y psíquico. Jane Austen afirmó en cierta ocasión que toda la literatura giraba en torno a dos temas: el amor y el dinero. Richard Burton, un conversador excepcional, abarcó el primer tema («Amo a esta mujer. Es la mujer más interesante y excitante que he conocido jamás») y el segundo («Me interesa el dinero. Nunca he tenido un centavo, y ahora lo tengo, y quiero..., bueno, no sé qué consideras ser rico, pero eso es lo que quiero ser»). Estos dos asuntos, y la literatura; no actuar, sino escribir: «Nunca quise ser actor. Siempre soñé con convertirme en escritor. Y eso es lo que seré si se detiene todo este circo. Escritor».

Cuando dijo esto, los ojos de Elizabeth Taylor brillaron llenos de orgullo. Su entusiasmo por aquel hombre iluminó la habitación con la intensidad de un montón de farolillos japoneses.

Él salió del cuarto para descorchar otra botella de champán.

–Oh, nos peleamos –dijo ella–. Pero al menos vale la pena pelearse con él. Es realmente brillante. Lo ha leído todo y puedo hablar con él; no hay nada sobre lo que no pueda hablar con él. Todos sus amigos..., Emlyn Williams le dijo que era una locura casarse conmigo. Él era un gran actor; podía convertirse en un gran actor. Y yo no era nada. Una simple estrella de cine. Pero lo más importante es lo que sucede entre un hombre y una mujer que se aman. O entre cualquier pareja que se ama.

Fue hasta la ventana y apartó la cortina. Había empezado a llover, y las gotas repiqueteaban contra el cristal.

–La lluvia me provoca somnolencia. No me apetece beber más champán. No. No. No te vayas. Beberemos de todos modos. Y entonces, o bien todo será maravilloso, o nos enzarzaremos en una gran pelea. Él opina que bebo demasiado. Y yo sé que él lo hace. Trato de seguir amándole. Seguir adelante. Siempre quiero estar donde está él. ¿Te acuerdas de cuando, hace mucho tiempo, te dije que había algo por lo que quería vivir?

Cerró las cortinas y dirigió la mirada hacia mí, sin distinguirme; Galatea escrutando algún remoto horizonte.

–Bueno, ¿qué opinas? –Pero era una pregunta que ya llevaba implícita la respuesta–. ¿Qué crees que será de nosotros? Supongo que cuando encuentras lo que siempre has deseado, eso no es el principio de un comienzo, es el principio del fin.

UNA ADORABLE CRIATURA (1979)

Fecha: 28 de abril de 1955.

Escenario: La capilla de la Universal Funeral Home, en la avenida Lexington esquina con la calle Cincuenta y dos, en la ciudad de Nueva York. Una interesante multitud se aglomera en los bancos: celebridades procedentes, en su mayor parte, del teatro internacional, del cine, de la literatura, presentes todos para rendir homenaje a Constance Collier, la actriz de origen inglés que había muerto el día anterior a los setenta y cinco años.

Nacida en 1880, la señora Collier empezó su carrera como corista de variedades, y llegó a convertirse en una de las principales actrices shakespearianas de Inglaterra (y, durante mucho tiempo, en la prometida de sir Max Beerbohm, con quien nunca se casó; quizá por ese motivo inspirara el personaje de la heroína, maliciosamente inconquistable, de la novela *Zuleika Dobson*, de sir Max). Finalmente, emigró a Estados Unidos, donde adquirió gran fama en los escenarios de

Nueva York y en las películas de Hollywood. Durante los últimos decenios de su vida vivió en Nueva York, donde enseñó arte dramático con un talento sin igual; en sus clases solo admitía a profesionales, por lo general, actrices consagradas que ya eran «estrellas»: Katharine Hepburn fue una de sus discípulas permanentes; otra Hepburn, Audrey, también era *protegée* de Collier, lo mismo que Vivien Leigh, y, durante unos meses antes de su muerte, una neófita a la que la señora Collier se refería como «mi problema especial», Marilyn Monroe. Marilyn Monroe, a quien conocí por medio de John Huston cuando este la dirigía en su primer papel con diálogo, en *La jungla del asfalto*, entró bajo la protección de la señora Collier por sugerencia mía. Hacía unos seis años que yo conocía a la señora Collier, y la admiraba como una mujer de auténtica envergadura, tanto en el plano físico como emocional o creativo; y, pese a sus modales dominantes y a su voz autoritaria, por ser una persona adorable, levemente perversa, pero extraordinariamente tierna, digna y, a la vez, *gemütlich*. Me encantaba ir a los frecuentes y pequeños almuerzos que daba en su oscuro estudio victoriano en pleno Manhattan; contaba historias increíbles acerca de sus aventuras como primera actriz junto a sir Beerbohm Tree y al gran actor francés Coquelin, de sus relaciones con Oscar Wilde, con el joven Chaplin y con Garbo en la época de formación de la silenciosa sueca. Efectivamente, era una delicia, igual que su fiel secretaria y compañera Phyllis Wilbourn, una tranquila y parpadeante solterona que tras el fallecimiento de su patrona se convirtió en la dama de compañía de Katharine Hepburn, cosa que sigue siendo. La señora Collier me presentó a muchas personas con las que entablé amistad: los Lunt, los Olivier y, especialmente, Aldous Huxley. Pero fui yo quien le presenté a Marilyn Monroe, y al principio no estuvo muy inclinada a tener tratos con ella: era corta de vista, no había visto ninguna película de Marilyn y no sabía absolutamente nada de ella, salvo que era una especie de estallido sexual de color platino que había adquirido fama universal; en resumen, parecía una arcilla difícilmente apropiada para la estricta formación clásica de la señora Collier. Pero pensé que la combinación resultaría estimulante.

Y así fue. «¡Claro que sí!», me aseguró la señora Collier, «tiene algo. Es una adorable criatura. No lo digo en el sentido evidente, en el aspecto quizá demasiado evidente. No creo que sea actriz en absoluto, al menos en la acepción tradicional. Lo que ella posee, esa presencia, esa luminosidad, esa inteligencia deslumbrante, se perdería en un escenario. Es tan frágil y delicada que solo puede captarlo una cámara. Es como el vuelo de un colibrí: solo una cámara puede expresar su poesía. Pero el que crea que esta chica es simplemente otra Harlow o una ramera, o algo por el estilo, está loco. Hablando de locos, en eso es en lo que estamos trabajando las dos: Ofelia. Creo que la gente se reirá ante esa idea, pero lo digo en serio: puede ser una Ofelia exquisita. La semana pasada estaba hablando con Greta y le comenté la Ofelia de Marilyn, y Greta dijo que sí, que podía creerlo porque había visto dos de sus películas, algo muy malo y vulgar, pero, sin embargo, había vislumbrado las posibilidades de Marilyn. En realidad,

Greta tiene una idea divertida. ¿Sabe que quiere hacer una película de *Dorian Gray*? Con ella en el papel de Dorian, por supuesto. Pues dijo que le gustaría tener de antagonista a Marilyn en el papel de una de las chicas a las que Dorian seduce y destruye. ¡Greta! ¡Tan poco utilizada! ¡Vaya talento...! Y algo parecido al de Marilyn, si uno lo piensa. Claro que Greta es una artista consumada, una actriz que domina perfectamente el oficio. Esa adorable criatura no tiene concepto alguno de la disciplina o del sacrificio. En cierto modo, no creo que vaya a madurar. Es absurdo que lo diga, pero me da la impresión de que morirá joven. Realmente, espero que viva lo suficiente para liberar ese extraño y adorable talento que bulle en su interior como un espíritu enjaulado.»

Pero ahora la señora Collier había muerto. Y ahí estaba yo, paseando por el vestíbulo de la Universal Funeral Chapel mientras esperaba a Marilyn; habíamos hablado por teléfono la noche anterior, quedando de acuerdo para sentarnos juntos durante la ceremonia, cuyo inicio estaba previsto para mediodía. Llegó media hora tarde; siempre llegaba tarde, pero yo pensaba: ¡Por el amor de Dios, maldita sea, solo por una vez! Y entonces apareció de pronto y no la reconocí, hasta que dijo...

MARILYN: ¡Vaya, cuánto lo siento, chico! Cuando ya estaba maquillada, pensé que quizá fuese mejor no llevar pestañas postizas, ni maquillaje, ni nada, así que me lo quité todo, y además no se me ocurría qué ponerme...

(Lo que se le ocurrió ponerse habría sido apropiado para la abadesa de un convento en audiencia privada con el Papa. Llevaba el pelo enteramente oculto por un pañuelo de gasa negra; un vestido negro, suelto y largo, que en cierto modo parecía prestado; medias negras de seda apagaban el brillo dorado de sus esbeltas piernas. Con toda seguridad, una abadesa no se habría calzado unos zapatos negros de tacón alto tan vagamente eróticos como los que ella había escogido, ni las gafas oscuras que le daban aspecto de búho y resaltaban la palidez de su piel de vainilla y leche fresca.)

TC: Estás muy bien.

MARILYN (mordisqueándose una uña roída ya hasta el final): ¿Estás seguro? Es que estoy tan nerviosa. ¿Dónde está el lavabo? Si pudiera ir un momentito...

TC: ¿Y tomarte una pastilla? ¡No! ¡Chitón! Esa es la voz de Cyril Ritchard: ha empezado el elogio fúnebre.

(De puntillas, entramos en la atestada capilla y nos abrimos paso hasta un pequeño espacio en la última fila. Acabó Cyril Ritchard; le siguió Cathleen Nesbitt, una compañera de la señora Collier de toda la vida, y por último Brian Aherne se dirigió a los asistentes. A lo largo del servicio Marilyn no dejó de quitarse las gafas para enjugar las lágrimas que se desbordaban de sus ojos de color azul gris. En ocasiones la había visto sin maquillaje, pero aquel día ofrecía una nueva experiencia visual, un rostro que yo no había observado antes, y al principio no me di cuenta de qué podría ser. ¡Ah! Se debía al sombrío pañuelo de la cabeza. Con los bucles invisibles y el cutis limpio de cosméticos, parecía tener doce años; una virgen pubescente que acaba de entrar en un orfanato y está llorando su desgracia. La ceremonia terminó al fin, y los asistentes comenzaron a dispersarse.)

MARILYN: Quedémonos aquí sentados, por favor. Esperemos a que salga todo el mundo.

TC: ¿Por qué?

MARILYN: No quiero hablar con nadie. Nunca sé qué decir.

TC: Entonces, quédate ahí sentada y yo esperaré fuera. Tengo que fumar un pitillo.

MARILYN: ¡No puedes dejarme sola! ¡Dios mío! Fuma aquí.

TC: ¿Aquí? ¿En la capilla?

MARILYN: ¿Por qué no? ¿Qué te quieres fumar? ¿Un porro?

TC: Muy graciosa. Venga, vámonos.

MARILYN: Por favor. Hay un montón de fotógrafos ahí fuera. Y, desde luego, no quiero que me hagan fotografías con esta facha.

TC: No te lo reprocho.

MARILYN: Has dicho que estaba muy bien.

TC: Y es cierto. Estás perfecta..., para interpretar *La novia de Drácula*.

MARILYN: Ya te estás riendo de mí.

TC: ¿Tengo yo pinta de reírme?

MARILYN: Te estás riendo por dentro. Y esa es la peor risa. (Frunciendo el ceño; mordisqueándose la uña del pulgar.) En realidad, podría haberme maquillado. Toda esa gente llevaba maquillaje.

TC: Yo también. A paletadas.

MARILYN: Lo digo en serio. Es el pelo. Necesito un tinte. Y no he tenido tiempo de dármelo. Ha sido tan inesperado... La muerte de la señora Collier y todo lo demás. ¿Ves?

(Levantó un poco el pañuelo, mostrando una franja oscura en la raya del pelo.)

TC: ¡Pobre inocente de mí! ¡Todo este tiempo pensando que eras rubia natural!

MARILYN: Lo soy. Pero nadie es así de natural. Y, de paso, que te follen.

TC: Muy bien, ya ha salido todo el mundo. Así que vamos, arriba.

MARILYN: Esos fotógrafos siguen ahí fuera. Lo sé.

TC: Si no te han reconocido al entrar, tampoco te conocerán al salir.

MARILYN: Uno de ellos me reconoció. Pero me escabullí por la puerta antes de que empezara a chillar.

TC: Estoy seguro de que hay una entrada trasera. Podemos salir por allí.

MARILYN: No quiero ver cadáveres.

TC: ¿Por qué habríamos de verlos?

MARILYN: Esto es una funeraria. Deben de tenerlos en alguna parte. Lo único que me faltaría hoy sería meterme en una habitación llena de cadáveres. Ten paciencia. Iremos a algún sitio y te invitaré a una botella de champán.

(Así que seguimos sentados, hablando, y Marilyn dijo: «Odio los funerales. Me alegro de no tener que ir al mío. Pero no quiero ceremonias, tan solo mis cenizas arrojadas al agua por uno de mis hijos, si llego a tener alguno. No habría venido hoy a no ser porque la señora Collier se preocupaba de mí, de mi bienestar, y era como una abuela, como una abuela vieja y dura, pero me enseñó mucho. Me enseñó a respirar. Me ha servido de mucho, además, y no solo para actuar. A veces, respirar es un verdadero problema. Pero cuando me dijeron que la señora Collier había muerto, lo primero que se me ocurrió fue: ¡Oh, Dios mío, qué va a ser de Phyllis! La señora Collier era toda su vida. Pero he oído que se va a vivir con la señora Hepburn. ¡Qué suerte la de Phyllis; ahora sí que se va a divertir! Me cambiaría por ella sin pensarlo. La señora Hepburn es realmente una gran señora. Ojalá fuera amiga mía. De ese modo iría a visitarla alguna vez y..., pues no sé, nada más que visitarla».

Comentamos cuánto nos gustaba vivir en Nueva York y cómo detestábamos Los Ángeles [«A pesar de que nací allí, sigue sin ocurrírseme nada bueno de esa ciudad. Si cierro los ojos y me imagino Los Ángeles, lo único que veo es una enorme vena varicosa»]; hablamos de actores y de actuación [«Todo el mundo dice que no sé actuar. Lo mismo dijeron de Elizabeth Taylor, y se equivocaron.

Estuvo extraordinaria en *Un lugar en el sol.* Nunca conseguiré el papel adecuado, nada que me guste verdaderamente. Mi físico está contra mí»]; hablamos algo más de Elizabeth Taylor, quería saber si la conocía, le dije que sí y ella me preguntó cómo era, cómo era en realidad, y yo contesté: «pues se parece un poco a ti, es enteramente sincera y tiene una conversación ingeniosa», y Marilyn dijo «que te follen», y añadió: «bueno, si alguien te preguntara cómo es Marilyn, cómo es en realidad, ¿qué le dirías?», y yo contesté que tendría que pensarlo.)

TC: ¿Crees que ya podemos largarnos de aquí? Me prometiste champán, ¿recuerdas?

MARILYN: Lo recuerdo. Pero no tengo dinero.

TC: Siempre llegas tarde y nunca llevas dinero. ¿Es que por casualidad te figuras que eres la reina Isabel?

MARILYN: ¿Quién?

TC: La reina Isabel. La reina de Inglaterra.

MARILYN (frunciendo el ceño): ¿Qué tiene que ver con esto esa gilipollas?

TC: La reina Isabel tampoco lleva dinero nunca. No se lo permiten. El vil metal no debe manchar la real palma de su mano. Es una ley o algo parecido.

MARILYN: Ojalá aprobaran una ley como esa para mí.

TC: Sigue así y quizá lo hagan.

MARILYN: Pero entonces, ¿cómo paga las cosas? Cuando va de compras, por ejemplo.

TC: Su dama de compañía la sigue con un bolso lleno de calderilla.

MARILYN: ¿Sabes una cosa? Apuesto a que todo se lo dan gratis. A cambio de concesiones.

TC: Es muy posible. No me sorprendería nada. Proveedor de la Real Casa. Perros galeses. Todas esas golosinas de Fortnum & Mason. Hierba. Condones.

MARILYN: ¿Para qué querría ella condones?

TC: Para ella no, boba. Para ese tipo que la sigue a dos pasos. El príncipe Felipe.

MARILYN: Ah, sí. Ese. Es un encanto. Tiene aspecto de tener un buen aparato. ¿Te conté alguna vez lo de aquella ocasión en que vi a Errol Flynn sacársela de repente y empezar a tocar el piano con ella? ¡Oh, vaya! Ya hace cien años de eso, yo acababa de empezar como modelo, fui a una estúpida fiesta y ahí estaba Errol Flynn, tan orgulloso de sí mismo, se sacó el cipote y tocó el piano con él. Aporreó las teclas. Tocó «You Are My Sunshine». ¡Imagínate! Todo el mundo dice que Milton Berle tiene el chisme más grande de Hollywood. Pero ¿a quién le importa? Oye, ¿no tienes nada de dinero?

TC: Unos cincuenta dólares, quizá.

MARILYN: Bueno, eso nos llegará para un poco de champán.

(Al salir, en la avenida Lexington solo había inofensivos peatones. Eran cerca de las dos, una tarde de abril tan espléndida como se podría desear: un tiempo ideal para dar un paseo. De modo que deambulamos hacia la Tercera Avenida. Algunos transeúntes volvían la cabeza, no porque reconociesen a Marilyn, sino por sus galas de luto; se rió entre dientes con su risita particular, un sonido tan tentador como el cascabeleo de las campanillas en el tren de la risa, y dijo: «Quizá debiera vestirme siempre de esta manera. El perfecto anonimato».

Al acercarnos al local de P. J. Clarke, sugerí que sería un buen sitio para refrescarnos, pero ella se opuso: «Está lleno de esos gacetilleros repugnantes. Y esa zorra de Dorothy Kilgallen siempre está ahí, entrompándose. ¿Qué les pasa a esos irlandeses? ¡Qué manera de beber; son peores que los indios!».

Me sentí llamado a defender a Dorothy Kilgallen, quien, en cierto modo, era una amiga, y me permití decir que en ocasiones podía resultar tan inteligente como divertida. Ella contestó: «Es posible, pero ha escrito cabronadas sobre mí. Todas esas gilipollas me odian. Hedda. Louella. Comprendo que tú estés acostumbrado, pero sencillamente yo no puedo. Me hace mucho daño. ¿Qué es lo que les he hecho yo a esas brujas? El único que ha escrito una palabra decente acerca de mí es Sidney Skolsky. Pero es un hombre. Los hombres me tratan muy bien. Como si fuese una persona. Cuando menos, me conceden el beneficio de la duda. Y Bob Thomas es un caballero. Y Jack O'Brian».

Miramos los escaparates de las tiendas de antigüedades; uno de ellos contenía una bandeja de anillos antiguos, y Marilyn dijo: «Ese es bonito. El granate con las perlas deterioradas. Ojalá pudiera llevar sortijas, pero detesto que la gente me mire las manos. Son demasiado gruesas. Elizabeth Taylor las tiene así. Pero con esos ojos, ¿quién va a fijarse en sus manos? Me gusta bailar desnuda delante del espejo y ver cómo me saltan las tetas. No tienen nada de malo. Pero me gustaría no tener las manos tan gordas».

Otro escaparate exhibía un bello reloj de pared, lo que le impulsó a observar: «Jamás he tenido un hogar. Uno auténtico, con mis propios muebles. Pero si alguna vez vuelvo a casarme y gano mucho dinero, alquilaré un par de camiones para pasar por la Tercera Avenida y comprar toda clase de cosas locas. Compraré una docena de relojes de pared, los pondré en fila en una habitación y los tendré a todos marcando la misma hora. Eso resultaría muy hogareño, ¿no crees?».)

MARILYN: ¡Eh! ¡En la acera de enfrente!
TC: ¿Qué?
MARILYN: ¿Ves el cartel con la palma de la mano? Debe de ser el consultorio de una adivinadora.
TC: ¿Estás con ánimo para esas cosas?
MARILYN: Bueno, vamos a echar un vistazo.

(No era un establecimiento atrayente. A través de una tiznada ventana, distinguimos una yerma habitación con una gitana flaca y peluda sentada en una silla de lona bajo una lámpara que difundía un horrendo resplandor rojo; tejía un par de botitas de niño y no levantó la vista. Sin embargo, Marilyn hizo ademán de entrar, pero cambió de parecer.)

MARILYN: A veces quiero saber lo que va a pasar. Luego pienso que sería mejor no saberlo. Pero hay dos cosas que me gustaría saber. Una es si voy a adelgazar.

TC: ¿ Y la otra?

MARILYN: Es un secreto.

TC: Vamos, vamos. Hoy no podemos tener secretos. Hoy es un día de dolor, y los afligidos comparten sus pensamientos más íntimos.

MARILYN: Bueno, se trata de un hombre. Hay algo que me gustaría saber. Pero eso es todo lo que voy a decirte. Es un secreto, de verdad.

(Y yo pensé: eso es lo que tú crees; yo te lo sacaré.)

TC: Estoy preparado para invitarte a champán.

(Terminamos en un restaurante chino de la Segunda Avenida, desierto y con muchos adornos. Pero tenía un bar bien provisto y pedimos una botella de Mumm's; nos lo sirvieron sin enfriar y sin cubo, así que lo bebimos en vasos largos con hielo.)

MARILYN: Es divertido esto. Como rodar exteriores, si es que a uno le gustan los exteriores. Cosa que desde luego a mí no me gusta nada. *Niágara*. ¡Qué asco! ¡Uf!

TC: Así que cuéntame lo de ese amante secreto.

MARILYN: (Silencio.)

TC: (Silencio.)

MARILYN: (Risitas.)

TC: (Silencio.)

MARILYN: Tú conoces a muchas mujeres. ¿Cuál es la más atractiva que conoces?

TC: Barbara Paley, sin duda. Indiscutiblemente.

MARILYN (frunciendo el ceño): ¿Es esa a la que llaman «Babe»?[1] Desde luego, a mí no me parece ninguna niña. La he visto en *Vogue* y demás. Es tan elegante... Encantadora. Solo con mirar fotografías de ella me siento como una fregona.

TC: A ella le divertiría oír eso. Está muy celosa de ti.

MARILYN: ¿Celosa de mí? Ya estás otra vez tomándome el pelo.

TC: Nada de eso. Está celosa.

MARILYN: Pero ¿por qué?

TC: Porque una periodista, Kilgallen, creo, escribió un eco de sociedad que decía algo así: «Corre el rumor de que la señora DiMaggio se reúne con el más encumbrado magnate de la televisión, y no para hablar de negocios». Pues bien, ella leyó el artículo, y se lo creyó.

MARILYN: ¿Qué se creyó?

TC: Que su marido tiene un asunto contigo. William S. Paley, el principal magnate de la televisión. Es aficionado a las rubias bien formadas. Y también a las morenas.

MARILYN: Pero eso es una estupidez. No conozco a ese tipo.

TC: ¡Vamos, vamos! ¡Sé sincera conmigo! Ese amante secreto tuyo... es William S. Paley, *n'est-ce-pas?*

1. Niña. *(N. del T.)*

MARILYN: ¡No! Es un escritor. Un escritor.

TC: Eso está mejor. Ya vamos a alguna parte. Así que tu amante es un escritor. Debe de ser un auténtico ganapán, si no, no te daría vergüenza decirme cómo se llama.

MARILYN (furiosa, frenética): ¿Qué quiere decir la ese?

TC: ¿La ese? ¿Qué ese?

MARILYN: La ese de William S. Paley.

TC: ¡Ah, esa ese! No creo que signifique nada. La ha debido de poner para darse tono.

MARILYN: ¿Es solo una inicial que no representa ningún nombre? ¡Dios mío! El señor Paley debe de sentirse algo inseguro.

TC: Tiene muchos tics. Pero volvamos a nuestro misterioso escriba.

MARILYN: ¡Cállate! No lo entiendes. Tengo mucho que perder.

TC: Camarero, otra botella de Mumm's, por favor.

MARILYN: ¿Estás tratando de tirarme de la lengua?

TC: Sí. Te propongo una cosa. Haremos un trato. Yo te contaré una historia y, si la encuentras interesante, quizá podamos hablar luego de tu amigo escritor.

MARILYN (tentada pero reacia): ¿De qué trata tu historia?

TC: De Errol Flynn.

MARILYN: (Silencio.)

TC: (Silencio.)

MARILYN (odiándose a sí misma): Vale, empieza.

TC: ¿Recuerdas lo que has dicho de Errol? ¿Lo orgulloso que estaba de su cipote? Puedo garantizarlo. Una vez pasamos una agradable noche juntos. ¿Me comprendes?

MARILYN: Te lo estás inventando. Me quieres engañar.

TC: Palabra de honor. Estoy jugando limpio. (Silencio; pero veo que ha picado, así que tras encender un pitillo...) Pues eso ocurrió cuando yo tenía dieciocho años. Diecinueve. Fue durante la guerra. En el invierno de 1943. Aquella noche, Carol Marcus, o quizá se había convertido ya en Carol Saroyan, dio una fiesta para su mejor amiga, Gloria Vanderbilt. La celebró en el piso de su madre, en Park Avenue. Una gran fiesta. Unas cincuenta personas. A eso de medianoche se presentó Errol Flynn con su amigo inseparable, un mujeriego fanfarrón llamado Freddie McEvoy. Los dos estaban bastante borrachos. A pesar de eso, Errol empezó a charlar conmigo y estuvo divertido, nos hicimos reír el uno al otro; de pronto dijo que quería ir a El Morocco, y que yo los acompañase a él y a su amigo McEvoy. Le dije que muy bien, pero McEvoy dijo entonces que él no quería dejar la fiesta con todas aquellas muchachas que acababan de ponerse de largo, así que Errol y yo terminamos yéndonos solos. Pero no fuimos a El Morocco. Tomamos un taxi hasta Gramercy Park, donde yo tenía un pisito de una habitación. Se quedó hasta el mediodía siguiente.

MARILYN: ¿Y qué puntuación le darías? En una escala de uno a diez.

TC: Francamente, si no hubiera sido Errol Flynn, no creo que lo hubiese recordado.

MARILYN: No es una historia maravillosa. No vale lo que la mía; ni por asomo.

TC: Camarero, ¿dónde está nuestro champán? Estamos sedientos.

MARILYN: Y no me has contado nada nuevo. Siempre he sabido que Errol lo hacía a pelo y a pluma. Mi masajista, que prácticamente es como una hermana, atendía a Tyrone Power, y me ha contado el asunto que se traían Errol y Ty Power. No, tendrá que ser algo mejor que eso.

TC: Me lo pones difícil.

MARILYN: Te escucho. Así que oigamos tu mejor experiencia. En ese aspecto.

TC: ¿La mejor? ¿La más memorable? Suponte que contestas tú primero a esa pregunta.

MARILYN: ¡Y soy yo quien lo pone difícil! ¡Ja! (Bebiendo champán.) Joe no está mal. Marca buenos tantos. Si solo se tratara de eso, aún seguiríamos casados. Sin embargo, todavía le quiero. Es auténtico.

TC: Los maridos no cuentan. En este juego, no.

MARILYN (mordiéndose las uñas; pensando): Bueno, conocí a un hombre que está emparentado de alguna manera con Gary Cooper. Un corredor de bolsa, nada atractivo; tiene sesenta y cinco años y lleva unas gafas de cristales muy gruesos. Es gelatinoso como una medusa. No sé qué pasó, pero...

TC: No te esfuerces. Otras chicas me han hablado de él con todo detalle. Ese viejo verde tiene mucha cuerda. Se llama Paul Shields. Es padrastro de Rocky Cooper. Dicen que es sensacional.

MARILYN: Lo es. Muy bien, listillo. Te toca a ti.

TC: Olvídalo. No tengo que contarte absolutamente nada. Porque sé cuál es la maravilla que ocultas: Arthur Miller. (Bajó sus gafas oscuras: ¡cielos!, si las miradas mataran, ¡uf!) Lo adiviné en cuanto dijiste que era escritor.

MARILYN (balbuceando): Pero ¿cómo? Quiero decir, nadie..., quiero decir, casi nadie...

TC: Hace tres años, por lo menos, o cuatro, Irving Drutman...

MARILYN: ¿Irving qué?

TC: Drutman. Es un redactor del *Herald Tribune*. Me contó que andabas tonteando con Arthur Miller. Que estabas colada por él. Soy demasiado caballero para haberlo mencionado.

MARILYN: ¡Caballero! ¡Un cabrón! (Balbuceando de nuevo, pero con las gafas oscuras en su sitio.) No lo entiendes. Eso fue hace tiempo. Aquello terminó. Pero esto es nuevo. Ahora todo es distinto, y...

TC: Que no se te olvide invitarme a la boda.

MARILYN: Si hablas de esto, te mato. Haré que te liquiden. Conozco a un par de tipos que me harían gustosos ese favor.

TC: No lo pongo en duda ni por un momento.

(Por fin volvió el camarero con la segunda botella.)

MARILYN: Dile que se la vuelva a llevar. No quiero más. Quiero largarme de aquí.

TC: Si te he molestado, lo siento.

MARILYN: No estoy enfadada.

(Pero lo estaba. Mientras yo pagaba la cuenta se fue al tocador, y deseé tener un libro para leer: sus visitas al lavabo de señoras a veces duraban tanto como el embarazo de una elefanta. Mientras pasaba el tiempo, me pregunté tontamente si estaría tomando estimulantes o tranquilizantes. Tranquilizantes, sin duda. Había un periódico encima de la barra y lo cogí; estaba en chino. Cuando pasaron veinte minutos, decidí investigar. Quizá se había tomado una dosis mortal, o a lo mejor se había cortado las venas. Encontré el lavabo de señoras y llamé a la puerta. Ella dijo: «Pase». Dentro, se estaba observando en un espejo mal iluminado. Le pregunté: «¿Qué estás haciendo?». Contestó: «Miro a Marilyn». En efecto, se estaba pintando los labios con un lápiz de color rubí. Además, se había quitado el sombrío pañuelo de la cabeza y había peinado su lustrosa cabellera, fina como algodón de azúcar.)

MARILYN: Espero que te quede suficiente dinero.
TC: Eso depende. No lo bastante como para comprar perlas, si esa es tu idea del desagravio.
MARILYN (con risitas, otra vez de buen humor. Decidí no volver a mencionar a Arthur Miller): No. Solo lo bastante para un largo paseo en taxi.
TC: ¿Adónde vamos? ¿A Hollywood?
MARILYN: ¡No, hombre! A un sitio que me gusta. Lo sabrás cuando lleguemos.

(No tuve que esperar tanto, porque nada más parar un taxi dio órdenes al conductor para que se dirigiese al muelle de South Street, y pensé: «¿No es ahí donde se toma el transbordador para Staten Island?». Y mi siguiente conjetura fue: «ha tomado pastillas después del champán y está completamente ida».)

TC: Supongo que no vamos a dar un paseo en barco. No llevo mi Dramamina.

MARILYN (contenta, riéndose): Solo por el muelle.

TC: ¿Puedo preguntar por qué?

MARILYN: Me gusta estar allí. Huele a países remotos y doy de comer a las gaviotas.

TC: ¿Con qué? No tienes nada para darles.

MARILYN: Sí. Tengo el bolso lleno de pastelitos de la suerte. Los he robado en el restaurante.

TC (tomándole el pelo): ¡Ah, sí! Cuando estabas en el lavabo abrí uno. El papelito de dentro llevaba un chiste verde.

MARILYN: ¡Vaya! ¿Pastelitos de la suerte verdes?

TC: Estoy seguro de que a las gaviotas no les importará.

(En el trayecto pasamos por el Bowery. Diminutas casas de empeño, puestos de donar sangre, pensiones de cincuenta centavos el catre, pequeños hoteles sombríos de un dólar la cama y bares para blancos, bares para negros, en todas partes mendigos, pedigüeños jóvenes, nada jóvenes, ancianos, vagabundos en cuclillas al borde de la acera, agachados entre vidrios rotos y vomiteras, pordioseros reclinados en portales y apelotonados como pingüinos en las esquinas. Una vez, al detenernos ante un semáforo en rojo, un espantapájaros de purpúrea nariz se acercó a nosotros dando traspiés y empezó a restregar el parabrisas del taxi con un trapo húmedo, sujeto con mano temblorosa. Nuestro conductor, furioso, gritó obscenidades en italiano.)

MARILYN: ¿Qué pasa? ¿Qué ocurre?
TC: Quiere una propina por limpiar el cristal.
MARILYN (tapándose la cara con el bolso): ¡Qué horror! No lo puedo soportar. Dale algo. Deprisa. ¡Por favor!

(Pero el taxi arrancó a toda prisa, casi derribando al viejo borrachín. Marilyn se echó a llorar.)

Me he puesto mala.
TC: ¿Quieres irte a casa?
MARILYN: Todo se ha estropeado.
TC: Te llevaré a casa.
MARILYN: Espera un minuto. Me pondré bien.

(Así llegamos a South Street, y efectivamente la visión de un transbordador anclado allí, con la silueta de Brooklyn al otro lado del agua y las blancas gaviotas que describían piruetas contra un horizonte marino salpicado de leves y algodonosas nubes como encajes delicados, ese cuadro, tranquilizó pronto su espíritu.

Al bajarnos del taxi vimos a un hombre que llevaba a un chow-chow de la correa, un posible pasajero en dirección al transbordador y, cuando nos cruzamos con ellos, mi acompañante se agachó para acariciar la cabeza del perro.)

EL HOMBRE (con tono firme, pero no hostil): No debería tocar a perros que no conozca. Especialmente a los chow. Podrían morderla.

MARILYN: Los perros no me muerden. Solo los seres humanos. ¿Cómo se llama?

EL HOMBRE: Fu Manchú.

MARILYN (riendo): ¡Oh! Como en la película. Tiene gracia.

EL HOMBRE: ¿Cuál es el suyo?

MARILYN: ¿Mi nombre? Marilyn.

EL HOMBRE: Lo que me figuraba. Mi mujer nunca me creerá. ¿Podría darme un autógrafo?

(Sacó una tarjeta y una pluma; utilizando el bolso como apoyo, escribió: «Dios le bendiga, Marilyn Monroe».)

MARILYN: Gracias.

EL HOMBRE: Gracias a usted. Ya verá cuando lo enseñe en la oficina.

(Llegamos a la orilla del muelle y escuchamos el chapoteo del agua.)

MARILYN: Yo solía pedir autógrafos. A veces lo hago todavía. El año pasado, Clark Gable estaba sentado junto a mí en Chasen's y le pedí que me firmara la servilleta.

(Apoyada en un poste de amarre, me daba el perfil: Galatea contemplando lejanías inexploradas. La brisa le acariciaba el pelo, y su cabeza se volvió hacia mí con etérea suavidad, como movida por el aire.)

TC: Pero ¿cuándo damos de comer a los pájaros? Yo también tengo hambre. Es tarde y no hemos almorzado.

MARILYN: Recuerdas que te dije que si alguien te preguntaba cómo era verdaderamente Marilyn Monroe..., bueno, ¿qué le contestarías? (Su tono era inoportuno, burlón, pero también grave: quería una respuesta sincera.) Apuesto a que dirías que soy una estúpida. Una sentimental.

(La luz se iba. Marilyn parecía esfumarse con ella, mezclarse con el cielo y las nubes, disolverse a lo lejos. Quería elevar mi voz sobre los chillidos de las gaviotas y llamarla para que volviese: ¡Marilyn! ¿Por qué todo tuvo que acabar así, Marilyn? ¿Por qué la vida tiene que ser tan terrible?)

TC: Diría...

MARILYN: No te oigo.

TC: Diría que eres una adorable criatura.

RECORDANDO A TENNESSEE (1983)

TENNESSEE WILLIAMS MUERE A LOS SETENTA Y UN AÑOS. Eso decía el titular de la primera página del *New York Times*. Se ahogó, según se supo, mientras utilizaba un tapón de plástico de botella para ingerir barbitúricos; por increíble que parezca, el tapón se le deslizó por la garganta y le sofocó hasta causarle la muerte. Todo eso sucedió en el Elysée, un curioso hotelito situado en la zona de las calles Cincuenta Este. De hecho, Tennessee tenía un apartamento en Nueva York, pero cuando estaba en la ciudad siempre se alojaba en el Elysée. El apartamento, un minúsculo caos de habitaciones con cuatro muebles, «convenientemente» situado en la calle Cuarenta y dos Oeste, estaba reservado para divertirse con amables desconocidos.

Fue un final extraño para un hombre obsesionado con una concepción de la muerte bastante poética. Incluso en su juventud, estaba convencido de que el día siguiente sería el último para él. La única disputa seria que tuvimos estuvo relacionada con su hipocondríaca sensibilidad respecto a este tema. En aquel momento, se estaban llevando a cabo los ensayos de una de sus obras, *Verano y humo*. Estábamos cenando juntos y, para divertirle –eso creí–, empecé a contarle varias anécdotas que había oído explicar a algunos miembros del reparto sobre la directora de la obra, una texana. Al parecer, en cada ensayo reunía a los actores y les hablaba del esfuerzo que debían realizar, de lo duro que debían trabajar, «porque esta creación genial es la última de Tenn. Se está muriendo. Sí, es un moribundo al que solo le quedan unos pocos meses de vida. Me lo contó él mismo. Por supuesto que se pasa el tiempo asegurando que se está muriendo. Pero me temo que esta vez va en serio. Incluso su agente está convencido de ello».

Lejos de divertirle, la anécdota enfureció a mi viejo amigo. Empezó rompiendo vasos y platos, y después volcó toda la mesa y abandonó con paso airado el restaurante, dejándome estupefacto... y a cargo de los destrozos.

Le conocí a los dieciséis años; él me llevaba trece. Yo trabajaba de camarero en el Greenwich Village Cafe y aspiraba a convertirme en dramaturgo. Nos hicimos muy buenos amigos; y fue realmente una amistad intelectual, a pesar de que la gente inevitablemente pensó otra cosa. En esos primeros tiempos solía darme a leer todas sus obras cortas en un acto, y las representábamos juntos. Gradualmente, con el paso de los años, montamos *El zoo de cristal*. Yo hacía el papel de la hija.

Con su tendencia a dedicarse al sexo, la ginebra y las juergas a tiempo completo, Tennessee, que no era un superviviente nato, probablemente no habría pasado de los cuarenta de no haber sido por Frank Merlo. Frank era un marinero, un descubrimiento mío de la época de la guerra. Unos cinco años después de haberle conocido, y cuando él ya había dejado la marina, Tennessee nos vio comiendo en un acogedor restaurante italiano. Nunca le vi tan excitado, ni antes ni después. Dejó a su compañero de mesa –su agente, Audrey Wood– y rápidamente, sin haber sido invitado, se sentó con nosotros. Después de presentárselo a mi amigo, no pasaron ni dos minutos antes de que Tennessee le preguntase: «¿Querrías cenar conmigo esta noche?».

La invitación claramente no me incluía. Pero Frank se sintió incómodo; no sabía qué decir, así que yo respondí por él: «Sí», dije, «por supuesto que le gustaría cenar contigo».

Y así lo hizo. Estuvieron juntos catorce años, los más felices de la vida de Tennessee. Frank fue como un marido, un amante y un agente para él. Era además muy brillante organizando fiestas, lo cual resultaba idóneo para Tennessee. Cuando Yukio Mishima, el extraordinario escritor japonés –el que formó una milicia, se enfrentó al comandante en jefe del ejército japonés y acabó haciéndose el harakiri–, visitó Nueva York en 1952, Tennessee le dijo a Frank que quería dar una fiesta en su honor. Así que Frank acorraló a todas las geishas entre Nueva York y San Francisco; pero no se contentó con esto. También se proveyó de un centenar de travestís ataviados de geisha. Fue la fiesta más extraordinaria que he visto en toda mi vida. Y Tennessee se vistió de gran dama geisha y recorrieron el parque en coche toda la noche, hasta el amanecer, bebiendo champán. Era el primer contacto de Mishima con el mundo occidental, y comentó: «No pienso volver nunca más al Japón».

Cuando Frank murió de cáncer en 1962, Tennessee también murió un poco. Recuerdo con total claridad las últimas horas de Frank. Las pasó en la habitación de un hospital de Nueva York, de la que entraban y salían montones de amigos. Finalmente, un severo médico ordenó que todas las visitas, incluido Tennessee, salieran de la habitación. Pero él se negó a marcharse. Se arrodilló junto a la cama, tomó la mano de Frank y la apretó contra su mejilla.

A pesar de todo, el médico insistió en que debía salir. Pero de pronto Frank susurró: «No. Deje que se quede. No me puede hacer ningún daño. Después de todo, estoy acostumbrado a él».

El médico suspiró y los dejó a solas.

Tennessee no volvió a ser el mismo después de esto. Siempre había bebido bastante, pero a partir de entonces empezó a mezclar drogas y alcohol. Y frecuentaba a gente muy rara. Creo que vivió las dos últimas décadas de su vida solo..., con el fantasma de Frank.

Pero al recordar ahora a Tennessee, pienso en los buenos tiempos, en los momentos divertidos. Era una persona que, a pesar de su tristeza interior, jamás dejaba de reír. Poseía una risa extraordinaria. No era ni tosca ni vulgar ni especialmente fuerte; simplemente, tenía un asombroso tono ronco de lugareño del Mississippi. Resultaba fácil distinguir cuándo había entrado en una habitación, por mucha gente que hubiera en ella.

Por lo que se refiere a su sentido del humor, en general era bastante estridente. Pero cuando se encolerizaba, parecía oscilar entre dos cosas: un humor muy negro –riendo sin parar durante sus típicas comidas con cinco martinis– o una profunda amargura respecto de sí mismo, su padre y su familia. Su padre nunca le comprendió, su familia parecía culparle de la locura de su hermana, y el propio Tennessee..., bueno, creo que pensaba que no estaba del todo en su sano juicio. Sus ojos, siempre cambiantes, como una noria de alborozo y amargura, mostraban todo esto.

Lo cual no implica que no fuese divertido estar con él. Solíamos ir juntos al cine, y me parece que he sido expulsado de más cines con él que con ninguna otra persona en toda mi vida. Siempre empezaba a recitar fragmentos, a mofarse, a imitar a Joan Crawford. Y el encargado no tardaba en bajar para invitarnos a abandonar la sala.

Mi recuerdo más divertido, sin embargo, es de hace unos cuatro o cinco años, durante una estancia con Tennessee en Cayo Hueso. Estábamos en un bar tremendamente concurrido: unas trescientas personas, entre gais y heterosexuales. En una pequeña mesa en un rincón había un matrimonio, ambos bastante borrachos. Ella, que vestía unos pantalones muy sueltos y un top, se acercó a nuestra mesa y sacó un lápiz de cejas. Pretendía que yo le firmase un autógrafo en el ombligo.

Me limité a reírme y le dije:

–Oh, no. Déjeme tranquilo.

–¿Cómo puedes ser tan cruel? –me preguntó Tennessee, y, con todo el local mirándonos, cogió el lápiz de cejas y autografió mi nombre alrededor del ombligo de la mujer. Cuando esta regresó a su mesa, el marido estaba furioso. Antes de que nos diésemos cuenta, le había quitado el lápiz de cejas de las manos y se acercaba hacia donde estábamos sentados, después de lo cual se bajó la cremallera de los pantalones, se sacó la polla y dijo, dirigiéndose a mí:

–Ya que hoy está usted firmando autógrafos en todas partes, ¿le importaría firmarme uno aquí?

Jamás había oído hacerse tal silencio en un lugar con trescientas personas. Yo no sabía qué decir; me limité a quedarme mirándolo.

Entonces Tennessee se aproximó y cogió el lápiz de cejas de la mano del desconocido.

–No creo que haya suficiente espacio para que Truman pueda firmarla –dijo, guiñándome un ojo–, pero pondré mis iniciales.

El local estalló en carcajadas.

Lo vi por última vez pocas semanas antes de su muerte. Cenamos juntos, en un lugar muy reservado llamado Le Club, y Tennessee estaba físicamente bien, pero melancólico. Dijo que ya no tenía amigos y que yo era una de las pocas personas que le conocían de verdad. Anhelaba que volviéramos a tener la intimidad que nos unió en los viejos tiempos.

Y mientras hablaba y el fuego ardía en la chimenea, yo pensé que sí, que le conocía muy bien. Y recordé una noche muchos, muchos años atrás, cuando por primera vez me di cuenta de que eso era así.

Corría el año 1947, y el estreno de *Un tranvía llamado deseo* fue un acontecimiento deslumbrante e inolvidable. Cuando en la escena final bajaban las luces y Blanche DuBois, extendiendo los brazos hacia la oscuridad, para alcanzar las manos de una enfermera y un médico que se la iban a llevar, susurraba: «Quienesquiera que seáis... siempre he estado a merced de la bondad de los desconocidos», un emocionado silencio petrificó a la audiencia. El terror y la belleza habían conseguido detener sus corazones. Mucho después de haber caído el telón, continuaba el silencio. Y de pronto fue como si estallasen un montón de globos. La espectacular ovación y el momento culminante en que la audiencia se puso en pie, fueron tan súbitos e imponentes como un ciclón.

Los protagonistas, Jessica Tandy y Marlon Brando, salieron a saludar dieciséis veces antes de que el público empezase a aclamar: «¡El autor!, ¡El autor!». Aquel joven señor Williams se mostraba reticente a dejarse conducir hasta el escenario. Se ruborizó como si fuera la primera vez que recibía un beso, y además de un extraño. Desde luego, no había derrochado pensando en esa noche (el dinero le provocaba un miedo abrumador, tan intenso, que ni siquiera una ocasión como aquella podía hacerle sucumbir a la tentación de plantearse la compra de un traje nuevo), así que iba vestido con uno azul oscuro gastado por incontables asientos del metro; y la corbata se le había aflojado; y le colgaba uno de los botones de la camisa. Sin embargo, resultaba atractivo; bajo, pero elegante, robusto y con buen color. Levantó dos manos de labrador más bien pequeñas y contuvo su éxtasis lo bastante para articular: «Gracias. Gracias. Muchísimas...» en un tono tan flemático y sureño como el propio Mississippi, si el río estuviese contaminado de ginebra. Noté que lo que Tennessee sentía era alegría, no felicidad; la alegría tiene la brevedad de la cocaína, la felicidad al menos dura un poco más.

Tennessee era un hombre desdichado, incluso cuando más reía y sus carcajadas eran más sonoras. Y la verdad es, al menos para mí, que Blanche y su creador eran intercambiables: compartían la misma sensibilidad, la misma inseguridad, la misma melancólica lujuria. Y de pronto, mientras yo pensaba en eso y contemplaba sus reverencias ante la ensordecedora ovación, él pareció retirarse del escenario y desvanecerse tras el telón..., conducido por el mismo médico que había guiado a Blanche DuBois hacia una oscuridad en la que nadie desearía verse inmerso.

DE «OBSERVATIONS»
(con Richard Avedon) (1959)

RICHARD AVEDON

Richard Avedon es un hombre cuyos ojos rebosan talento. Una buena descripción; añadir más sería pura floritura. Esos ojos, castaños y engañosamente normales, tan vigorosos para descubrir lo oculto y aprehender lo espiritual, para perseguir el paso fugaz de una verdad, de un estado de ánimo, de un rostro, son sus rasgos distintivos relevantes; ellos y su innata abstracción en su oficio, la fotografía, sin la cual esos ojos excepcionales, y la inquieta y sensible inteligencia que les sirve de motor, no podrían materializar aquello de lo que se impregnan destilándolo. Porque la verdad es que, aunque locuaz, un conversador desbordante, de los que se mueven en zigzag como una abeja ansiosa por libar una docena de flores al mismo tiempo, Avedon no se expresa con demasiada elocuencia; encuentra su lenguaje más adecuado en el silencio, mientras maneja una cámara; su verdadera voz, la que habla con admirable claridad, es el suave sonido del obturador congelando para siempre un instante enfocado por su percepción.

Avedon nació en Nueva York y tiene treinta y seis años, aunque no los aparenta: es un hombre flaco y radiante que aún no ha acabado de crecer, tan vigoroso como un potro en plena primavera o como un chaval que acaba de dejar la universidad. Solo que él nunca estudió en una universidad; ni siquiera, a decir verdad, acabó el instituto, a pesar de que, al parecer, fue más bien un niño prodigio, así como un poeta de cierto talento, y ya estaba seriamente embarcado –desde que a los diez años se hizo con una sencilla cámara de cajón– en el trabajo de su vida: las paredes de su habitación estaban empapeladas del suelo al techo con fotografías arrancadas de revistas, fotografías de Munkácsi, Steichen y Man Ray. Tal interés, extraordinario en un niño, sugería no solo que era precoz, sino también infeliz; y él, alegremente, lo confirma: era todo un experto en escaparse de casa. Cuando no fue capaz de conseguir un diploma en el instituto, su padre, un hombre juicioso, le dijo: «¡Adelante! Incorpórate al ejército de los analfabetos». Para llevarle la contraria, sin desobedecerle del todo, Avedon optó por incorporarse a la marina mercante. Y bajo los auspicios de esta institución recibió sus primeras lecciones formales de fotografía. Más tarde, después de la guerra, estudió en la New School for Social Research de Nueva York, donde Alexey Brodovitch, entonces director artístico de la revista *Harper's Bazaar*, impartía un célebre curso de fotografía experimental. Fue la conjunción de un profesor valioso y un alumno valioso: en 1945, gracias a sus relaciones en el mundo editorial, Brodovitch organizó el debut profesional de su excepcional pupilo, y ese mismo año el principiante ya estaba establecido; su obra, que ahora aparecía regularmente en *Harper's Bazaar*, *Life* y *Theatre Arts*, así como en las paredes de diversas galerías, era muy comentada y alabada por sus ingeniosos matices, por su ácida penetración psicológica y por el juvenil sentido de movimiento y de pletórica vitalidad que lograba infiltrar en algo tan estático como una fotografía: simplemente, nadie había visto nada que de verdad se le pudiera comparar, y como Avedon era constante, trabajaba de firme y, en resumidas cuentas, poseía un gran talento, se convirtió en la década siguiente, de la manera más natural, en el fotógrafo estadounidense más cotizado y más alabado de su generación, así como, según atestigua el exagerado número de sus imitadores, en el de mayor influencia estética.

«Mi primer modelo», cuenta Avedon, «fue Rajmáninov. Vivía en un apartamento en el mismo edificio que mis abuelos. Cuando tenía unos diez años, solía esconderme entre los cubos de basura de la escalera de incendios, y me quedaba allí horas y horas escuchándole practicar. Un día decidí que debía hacerlo: tenía que llamar a su timbre. Le pregunté si podía hacerle una foto con mi cámara de cajón. En cierta forma, ese es el origen de este libro.»[1]

1. Este texto y los que siguen fueron escritos para el libro *Observations*, Simon and Schuster, Nueva York, 1959; libro que incluye fotografías de Richard Avedon y comentarios de Truman Capote. *(N. del T.)*

Bueno, pues aquí está el libro. Se ha editado con la intención de recopilar lo mejor de la obra de Avedon, además de sus comentarios, junto a unos pocos escritos por mí. Parecía imposible hacer una selección final de las fotografías, en primer lugar porque el portafolios de Avedon estaba demasiado bien surtido, y en segundo lugar porque él no paraba de agudizar el problema de la criba, ya que constantemente decidía que debía hacerlo: tenía que correr a llamar al timbre de nuevos Rajmáninov, de personas que despertaban su interés y que por algún inverosímil contratiempo habían eludido hasta entonces su ubicuo objetivo. Tal vez este hecho pueda inducir a suponer que hay un eje conductor por lo que se refiere a la elección de las personalidades aquí incluidas, algún sistema personal de otorgar laureles basado en la valoración del talento o la belleza del modelo; pero no, en ese sentido la elección es arbitraria; en general, el único rasgo común entre los retratados es que son algunas de las personas a las que Avedon ha fotografiado y acerca de las que, en su opinión, ha hecho un comentario válido.

De todos modos, Avedon parece sentirse atraído una y otra vez por el mero estado de un rostro. Se notará, ya que es inevitable, su tendencia a resaltar la vejez; e incluso entre los retratados de mediana edad, rastrea sin piedad cada pata de gallo duramente ganada. En consecuencia, ha sido objeto de ocasionales acusaciones de malevolencia. Pero «la juventud no me conmueve», explica Avedon. «Muy raramente descubro algo realmente hermoso en un rostro joven. Y sí, en cambio, en la curva descendente de los labios de Maugham o en las manos de Isak Dinesen. Hay muchas cosas escritas ahí, muchas cosas que leer, si uno sabe leerlas. En mi opinión, la mayoría de las personas retratadas en el libro son santos terrenales. Porque están obsesionados. Obsesionados con una dedicación, de la clase que sea. Bailar, ser guapos, contar historias, resolver enigmas, actuar en plena calle. La boca de Zavattini, los ojos de Escudero, la sonrisa de Marie-Louise Bousquet: son sermones acerca del reto, de la provocación.»

Avedon me invitó una tarde a su estudio, un lugar que habitualmente bulle de actividad, repleto de abrasadores focos, sudorosos modelos, ayudantes con expresión preocupada y vocingleros teléfonos; pero aquella tarde de un domingo de invierno se había transformado en un espacioso, blanco y tranquilo asilo, silencioso como las motas de nieve que se iban asentando en la claraboya igual que pisadas de gato.

Avedon se paseaba descalzo entre un resplandeciente oleaje de rostros, algunos sonrientes, abiertamente alegres y despreocupados; otros esforzándose de modo visible por comunicar la tormenta de sus almas, de su arte o de su inhumana belleza; y había también rostros simplemente humanos, desamparados o desequilibrados: una superabundancia de semblantes que chocaban con los ojos del observador, dejándolos más bien aturdidos. Como cartas de una enorme baraja, los rostros estaban dispuestos en hileras que cubrían el suelo del amplio estudio. Era la selección definitiva de fotografías para el libro; y mientras desfilábamos cautelosamente por aquel campo segado, paseando con suma prudencia de un lado a otro de las hileras (poniendo siempre, como si las personas a nuestros pies fueran capaces de empezar a gritar, buen cuidado en no pisar una mejilla o aplastar una nariz), Avedon comentó: «A veces pienso que mis fotografías no son más que autorretratos. Lo que me interesa son..., no sé cómo expresarlo..., bueno, las situaciones difíciles por las que pasa el ser humano; solo puedo identificarme con lo que considero situaciones difíciles de los seres humanos». Se acarició la barbilla con una mano mientras sus ojos se desplazaban rápidamente del doctor Oppenheimer al padre Darcy. «Odio las cámaras. Se interfieren, están siempre en medio. ¡Ojalá pudiera trabajar utilizando solo los ojos!» En ese momento señaló tres copias de la misma fotografía, un retrato de Louis Armstrong, y me preguntó cuál prefería; me parecieron trillizas, hasta que él me hizo notar las diferencias y me enseñó que una era un punto más oscura que las otras, mientras que de la tercera se había eliminado una sombra. «Conseguir una copia satisfactoria», me explicó, con voz crispada por esa convicción que provoca el perfeccionismo, «que contenga todo lo que pretendía captar, muy a menudo es más difícil y comprometido que la sesión fotográfica en sí misma. Al hacer fotos, sé inmediatamente cuándo he logrado la imagen que realmente quiero. Pero sacar esa imagen de la cámara al exterior es otro asunto. Hago hasta sesenta copias de una misma fotografía, y haría un centenar si eso significara la más mínima mejora, si ayudara a visualizar lo que permanece invisible, a sacar a la superficie lo que se oculta en el interior.»

Llegamos al final de la última hilera, nos detuvimos y contemplamos el reluciente campo en blanco y negro, una cosecha que llevaba quince años esperando ser recogida. Avedon se encogió de hombros. «Eso es todo. Aquí está. Los símbolos visuales de lo que quiero expresar están en estos rostros. Al menos...», añadió, frunciendo ostensiblemente el entrecejo, símbolo visual, también, de una manera de ser demasiado –en el buen sentido de la palabra– engreída, demasiado insatisfecha e inquieta para experimentar alguna vez una auténtica satisfacción, «al menos, eso espero.»

JOHN HUSTON

Por supuesto, cuando son buenas, las películas son antiliteratura y, como forma de expresión, no pertenecen ni a los guionistas ni a los actores, sino a los directores, algunos de los cuales, evidentemente –John Huston es un buen ejemplo–, hicieron su aprendizaje como plumíferos a sueldo de un estudio. «Me hice director», ha confesado Huston, «porque ya no soportaba seguir viendo cómo destrozaban mis guiones.» Pero esta no puede haber sido la única razón: este dandi larguirucho y de hablar pausado, que bien podría ser un vaquero tal como los imaginaba Aubrey Beardsley,[1] posee en abundancia ese deseo de mandar que Zavattini[2] desaprueba.

1. Dibujante británico (1872-1898), figura destacada del modernismo en su país. *(N. del T.)*

2. Cesare Zavattini (1902-1989), escritor y prolífico guionista italiano. *(N. del T.)*

La obra y la personalidad de John Huston están inseparablemente relacionadas; sus películas trazan la silueta de su paisaje mental (como sucede con las de Eisenstein, Ingmar Bergman o Jean Vigo) de una manera nada habitual en la profesión, ya que la mayoría de los filmes son operaciones objetivas que no manifiestan en lo más mínimo las inquietudes subjetivas de quienes los realizan; por consiguiente, tal vez me sea permisible dar una visión personal de la estilizada personalidad de Huston: de su cortesía de jugador de barco fluvial revestida de un barniz de baladronadas de rufián; de su risa sincera pero melancólica que se eleva sin alcanzar nunca sus ojos nada tiernos y rodeados de cordiales arrugas, unos ojos aburridos como lagartos tomando el sol; la resuelta seducción de sus miradas confidenciales y de su viril camaradería, dirigidas tanto a sí mismo como a su público, para camuflar una gélida ausencia de emociones, ya que, como sucede con todo seductor clásico –o encantador, si se prefiere–, el éxito de su poder de seducción depende de que jamás exprese emociones, de que jamás se involucre emocionalmente, pues hacerlo significaría perder el control de la situación, de la «película»; así que Huston es un hombre de obsesiones más que de pasiones, y un cínico romántico que cree que todo esfuerzo, virtuoso o malvado o simplemente perseverante, recibe el mismo premio: un cheque cuyo importe es cero. Pero ¿qué tiene que ver todo esto con su obra? Algo. Tomemos, por ejemplo, la trama de su primera –y aún su mejor– película como realizador, *El halcón maltés*, en la que el argumento gira alrededor de una valiosa joya con forma de halcón, un tesoro por el que los principales protagonistas se traicionan unos a otros, matan y mueren... para acabar descubriendo que el halcón no es el auténtico y enjoyado objeto, sino una falsificación de plomo, un fraude. Y resulta que estos son el tema y el desenlace de muchas de las películas de Huston, de *El tesoro de Sierra Madre*, en la que el viento se lleva el oro reunido por el buscador y que tantas muertes ha causado, de *La jungla del asfalto*, de *The Red Badge of Courage*, de *La burla del diablo* y, por supuesto, de *Moby Dick*, esa desesperanzada plasmación de la derrota del hombre. De hecho, Huston parece haberse sentido atraído en muy raras ocasiones por argumentos que no vean el destino humano como una broma pesada, como una estafa sin paliativos; incluso los guiones que escribió de joven –por ejemplo, los de *El último refugio* y *Juárez*– confirman esta predilección. Como muchas obras de arte, las suyas –cuando quiere, puede ser un artista– son en gran medida el resultado compensatorio de una carencia del creador: ese vacío emocional que le lleva a ver la vida como una estafa (porque el estafador también es estafado) es el cuerpo irritante que provoca la gestación de la perla; y el tributo que ha tenido que pagar Huston ha sido ser él mismo, en términos humanos, algo parecido a un halcón maltés.

CHARLIE CHAPLIN

Poco antes de que Chaplin abandonara los Estados Unidos en 1952 –una ausencia deplorablemente prolongada–, le pidió a Avedon que le hiciera la foto para su pasaporte, un trabajo rutinario que Chaplin se dedicó, en plena sesión, a satirizar; y el producto de sus payasadas, un enastado duendecillo con aires de dios Pan mofándose del aguafiestas universo de las fronteras gubernamentales (en el territorio y en el pensamiento), es, sin duda, la clase de fotografía que el encantador vagabundo *hubiera* querido pegar en su pasaporte: una simpática broma para llamar la atención de policías de fronteras aburridos. Resulta divertido recordar el camino del plano final de las películas mudas de Chaplin, la vacía y polvorienta perspectiva por la que, al final de cada aventura, el pequeño vagabundo echaba a caminar, haciéndose cada vez más pequeño, con el hatillo a la espalda; al recordarlo, uno se da cuenta de hacia dónde serpenteaba ese camino: ¡hacia Suiza, ni más ni menos!, y el triste hatillo, pues ¡resulta que estaba lleno de billetes de banco!, de oro en barras para comprar una morada digna del rey de la montaña[1] hecha de mármol y situada junto a un lago de aguas inmaculadamente azules, una morada campestre de «final feliz» por la que el ahora rico vagabundo, rodeado del desbordante cariño de una novia expósita y hermosa y de siete niños hermosos y abandonados en la inclusa, se pasea olisqueando sus adoradas flores. Que es como tenía que ser (la persona a la que se deben *Luces de la ciudad*, *La quimera del oro* o *Tiempos modernos*, obras tan definitivas y modélicas como un león, o como el agua, son

1. Referencia a un personaje del *Peer Gynt* de Ibsen que habita en los bosques. *(N. del T.)*

definitivamente modélicos, merece alcanzar –en este mundo, aquí y ahora– la dicha plena), y casi lo es, pero no del todo: porque, en los últimos años, Chaplin ha dejado que le invadiera el mal humor; cree, tal vez con razón, que los Estados Unidos, su prensa, el Departamento de Estado, le han maltratado, así que se pasea por su villa despotricando locuazmente; y, aunque está en su derecho, es lamentable que lo haga, porque constituye una pérdida de tiempo: su última película, *Un rey en Nueva York*, un malhumorado alegato contra determinados aspectos de la vida estadounidense, ha sido un esfuerzo completamente baldío..., bueno, a menos que le haya servido para descargar de una vez toda su amargura.

Chaplin ha demostrado ser un genio, y se ha beneficiado de una circunstancia favorable aún menos frecuente: la de ser el único dueño de su propio negocio: financiero, productor, director, guionista y actor. Que cada niño tenga un solo padre es un requisito de la naturaleza; la necesidad de una fecundación colectiva es la maldición que dota de su peculiaridad al arte de hacer películas, ese maldito baldío que cruzan dando zancadas algunos escasos gigantes y unos pocos hombres de talla mediana: ¡alabados sean quienes lo consiguen!

UN GRUPO DE CISNES

Patrick Conway, un caballero de diecisiete años, escribió en su diario en 1800, en el transcurso de una visita a Brujas: «Me senté en el muro de piedra y contemplé un grupo de cisnes, una altiva armada, que avanzaba siguiendo las curvas del canal y se fundía con el crepúsculo mientras sus plumas flotaban en el agua como si arrastraran las colas de níveos vestidos de baile. Me recordaron a hermosas mujeres: pensé en Mlle. de V., y experimenté un intenso estremecimiento, un escalofrío, como si hubiese escuchado recitar un poema o tocar una música sublime. Una mujer hermosa, bellamente elegante, nos impresiona como una obra de arte, cambia el talante de nuestro espíritu; ¿es esto un asunto frívolo? Yo creo que no».

La intercontinental bandada de cisnes que pasa dejándose llevar por nuestras páginas alardea de un par de polluelos, maravillosas promesas en cierne que un día quizá la liderarán. Sin embargo, tal como se admite generalmente, una hermosa muchacha de doce años, o de veinte, si bien puede merecer atención, no es aún digna de admiración. Hay que reservarle ese laurel para dentro de unas décadas, cuando, si ha conservado boyante la fuerza de sus dones y se ha mantenido fiel a los votos a los que un cisne se debe, se haya ganado a un público arrodillado a sus pies; porque su hazaña implica disciplina y ha requerido la paciencia de un hipopótamo y la objetividad de un médico combinadas con la dedicación de una artista cuya única creación es su perecedero yo. Por otra parte, el ámbito de la perfección debe extenderse mucho más allá de la apariencia física. La voz, su timbre, qué dice y cómo lo dice, tiene una importancia fundamental; si es estúpido, el cisne debe intentar disimularlo, no necesariamente ante los hombres (no es habitual que un poco de tontería disminuya el respeto masculino, aunque es muy raro, diga lo que diga el mito, que lo aumente), sino más bien ante las mujeres inteligentes, esas mujeres brillantes con ojos de hechicera que son al mismo tiempo el enemigo mortal del cisne y su más convencido adorador. Por supuesto que la perfecta Giselle, la que es un cisne con más inalterable pureza, es también una mujer inteligente. Las más inteligentes son fáciles de distinguir; y no gracias a ningún discurso sobre política o sobre Proust, ni a ninguna ingeniosa *banderilla*[1] elegantemente clavada; ni, de hecho, a la presencia de ningún factor positivo, sino a la ausencia de uno: la autocomplacencia. La propia naturaleza de sus logros presupone cierto ensimismamiento en la propia persona; sin embargo, cuando alguien advierte en su rostro o en su actitud que se da cuenta de la impresión que causa, es como si, al asistir a un banquete, tuviera la desgracia de ver fugazmente lo que ocurre en la cocina.

Para ser realistas –y hay que serlo, aunque solo sea por hacer justicia a sus primos de plumaje menos delicado–, los auténticos cisnes no son casi nunca mujeres a las que la naturaleza y el mundo han sometido a privaciones. Dios les concedió un buen físico; y algún personaje menor, un padre o un marido, las bendijo con el mejor de los tratamientos de belleza: una bien provista cuenta corriente. Ser una gran belleza, y mantenerse como tal, es, al nivel del que hablamos aquí, caro; se podría hacer una estimación bastante ajustada de los gastos anuales...; pero, en realidad, ¿para qué

1. En castellano en el original. *(N. del T.)*

provocar una revolución? Y, además, si el dinero lo fuera todo, un considerable porcentaje de gorriones se transformaría rápidamente en cisnes.

Puede que el cisne que sabe conservarse como tal se deslice sobre aguas de dinero licuado, pero eso nada tiene que ver con la criatura en sí: su talento, como todo talento, está compuesto de sustancias que no se pueden comprar. Porque un cisne es invariablemente el resultado de la adhesión a algún sistema de pensamiento estético, un código convertido en autorretrato; lo que nosotros vemos es el retrato imaginario proyectado con absoluta precisión. Esa es la razón de que ciertas mujeres, aunque no sean realmente hermosas, sino vencedoras de la fealdad, puedan ocasionalmente provocar la ilusión de ser cisnes: su visión interior de sí mismas es tan firme, y está decorada con un artificio exterior tan inteligente, que nos rendimos a sus pretensiones e incluso nos mostramos convencidos de que son genuinas; y lo son: en cierta forma, el cisne *manqué* (nuestra selección de fotografías contiene dos excelentes muestras) resulta más seductor que el natural (del que, entre los aquí reproducidos, los ejemplos clásicos son la señora Agnelli, el cisne europeo *número uno*,[1] y, por lo que respecta a los Estados Unidos, la insuperable y soberbia señora de William S. Paley); después de todo, una creación modelada por la naturaleza humana posee un interés humano más sutil, una fascinación más delicada, que cualquier creación que haya evolucionado solamente de un modo natural.

1. En castellano en el original. *(N. del T.)*

Una última palabra: la entrada de un cisne en una habitación provoca inmediatamente en ciertas personas una evidente sensación de malestar. De dar crédito a estos «alérgicos» a los cisnes, resulta que su hostilidad no está motivada por la envidia, sino –eso sugieren ellos– por una sombra de «frialdad» e «irrealidad» que el cisne proyecta. Pero ¿no es cierto que una impresión de frialdad, por lo general falsa, acompaña a la perfección? Y ¿no será que lo que las voces críticas sienten realmente es miedo? En presencia de los muy bellos, como en presencia de los inmensamente inteligentes, el miedo forma parte de nuestra reacción global, y es tanto el temor como la admiración lo que causa ese escalofrío semejante a una punzada de carámbano que durante un instante nos deja anonadados cuando un cisne aparece nadando ante nosotros.

PABLO PICASSO

En 1981[1] el mundo, suponiendo que siga girando, celebrará el centenario del nacimiento de Picasso. Por descontado, ya que tiene esa suerte, el gran hombre seguirá al pie del cañón; y disponible, como de costumbre, para todos los medios de comunicación: en esa ocasión, con toda probabilidad, la televisión le mostrará en cueros, tal como corresponde a un ser divino, muy por encima de los criterios del decoro humano.

1. Este texto, como todos los escritos para el libro de Avedon, data de 1959. *(N. del T.)*

Nacido en Málaga, tierra de higueras, piedras y guitarras, Picasso fue un niño prodigio y ha seguido siéndolo; es decir, nunca ha dejado de ser un prodigio y, en cierta forma, es un niño: es un hombre poseído por el ansia de jugar, el odio a lo establecido y la fresca curiosidad de un niño. «Pablo», por citar a su más viejo amigo, Jaime Sabartés, «es básicamente una suma de curiosidades. Es más curioso que mil millones de mujeres.» Cuando Picasso tenía trece años, su padre, un cáustico profesor de pintura andaluz que producía en serie bodegones de postal para la burguesía barcelonesa, le entregó su paleta y sus pinceles, y no volvió a pintar; lo cual fue, en cierto modo, el primer triunfo de Picasso, que siguió adelante sembrando el siglo de pintores eclipsados por su figura o totalmente condenados al olvido. Resulta extraño, bien mirado, que algunos de estos colegas suyos no se unieran para asesinar a semejante monopolizador del arte; y es que, aunque carente de la maestría de Matisse y del vigor compositivo de Braque, Picasso, gracias a su vivaz descaro y a una ilimitada plétora de inventivas sorpresas, los ha sobrepasado a todos: él es el ganador.

COCO CHANEL

En cierta ocasión, Chanel, un enjuto y pulcro gorrión, locuaz y animado como un pájaro carpintero, dijo en mitad de uno de sus inacabables monólogos, refiriéndose a esa costosísima apariencia suya de *pauvre* huerfanita que lleva décadas cultivando: «Córtame la cabeza, y parecerá que tenga trece años». Pero su cabeza ha estado siempre muy bien asentada, y es que no cabe duda de que la afianzó mucho tiempo atrás, cuando realmente tenía trece años, o unos pocos más, y un acaudalado «amable caballero», el primero de una serie de agradecidos y bienintencionados mecenas, le preguntó a la menuda Coco, hija de un herrero vasco que le había enseñado a ayudarle a herrar los caballos, si prefería las perlas negras o las blancas. Ni las unas ni las otras, le respondió; lo que prefería, *chéri*, era el capital para montar una pequeña tienda. Y así surgió Chanel, la visionaria de la moda. Que las creaciones de un modisto puedan ser o no consideradas importantes aportaciones «culturales» (y tal vez lo sean: un Mainbocher o un Balenciaga son hombres cuya trascendencia como creadores es mucho más auténtica que la de varias capillas de poetas y compositores que me vienen a la mente) es irrelevante, pero una profesional impura y sincera como Chanel despierta un interés documental, parcialmente recogido por estas fotografías de su cambiante rostro: una la muestra como una amada cuyo retrato cuelga dentro de un medallón con forma de corazón, otra como una prosaica y ávida arribista; fíjense en la tensión de su tirante cuello: recuerda a una planta, una vieja y resistente planta perenne que se alza todavía, aunque ya está un poco seca, hacia el sol del éxito que florece invariablemente en el gélido cielo de la ambición para esos seres inconsolables llenos de talento, ebrios de deseo y alimentados por la vanidad, cuya implacable energía propulsa la maquinaria que arrastra al aletargado resto de los mortales. Chanel vive sola en un apartamento enfrente del Ritz.

Duchamp, nacido en Ruan y tercer hijo de una familia numerosa de clase media, muchos de cuyos miembros tenían inclinaciones artísticas, ha vivido en Nueva York desde 1915. Durante estos cuarenta y cuatro años de residencia norteamericana tan solo ha trabajado medianamente en serio en una obra (*La novia desnudada por sus solteros, incluso*,[1] un óleo sobre cristal transparente, del tamaño de un vitral de iglesia), y no ha terminado ninguna; a efectos prácticos, abandonó la pintura en 1913, el año en que su *Desnudo bajando una escalera* (sobre el que un crítico contemporáneo escribió: «Gire en redondo tres veces, dé un par de golpes con la cabeza contra la pared, y si golpea lo bastante fuerte, el significado se hará perfectamente obvio») fue la obra que causó la sensación más embriagadora entre los cerca de mil seiscientos experimentos precursores expuestos en el histórico Armory Show. «Pero», protesta Duchamp, «que no pinte no significa que haya abandonado el arte. La reputación de todos los buenos pintores se basa en apenas unas cinco obras maestras. El resto de su producción no es imprescindible. Esas cinco tienen la fuerza del escándalo. El escándalo es bueno. Si he realizado cinco cosas buenas, ya me parece suficiente. O podría decirse que, en lugar de

1. Duchamp trabajó en la obra entre 1915 y 1923, dejándola inacabada; en 1931 la pieza se rompió, y fue reparada en 1936. En la actualidad, además del original, existen dos réplicas autorizadas por el artista. *(N. del T.)*

morir, como Seurat, a los treinta y un años,[1] soy un hombre cuya inspiración para la pintura se acabó, ¿eh?» Su inspiración, o en todo caso su talento para juguetear con el arte, que es donde reside el encanto infantil y hoy día ya nada escandaloso de sus obras, no ha desaparecido, ni mucho menos: en su infinito tiempo libre, Duchamp ha confeccionado frascos de perfume surrealistas, ha realizado una pionera película abstracta, se ha dedicado a la decoración de interiores (techos cubiertos con sacos de carbón), ha ideado un museo Duchamp portátil a base de reproducciones en miniatura de sus obras más conocidas (incluida una ampolla de «aire de París»), y ha inventado para su regocijo otras formas fraudulentas de arte de juguete; pero lo que parece interesarle sinceramente es el ajedrez, una forma de diversión más seria, tema sobre el que ha escrito el libro más *recherché* que pueda imaginarse: se editaron mil ejemplares en tres idiomas, y (agárrense bien) el título es: *Opposition et Cases Conjuguées, Opposition und Schwesterfelder, Opposition and Sister Squares.* Duchamp aclara que: «Trata de los peones bloqueados, cuando la victoria se decide con los movimientos de los reyes. Es algo que solo ocurre una de cada mil veces. Y ¿por qué», añade, «no ha de ser mi dedicación al ajedrez una actividad artística? Una partida de ajedrez es muy plástica. La elabora uno mismo. Es escultura mecánica, y con el ajedrez uno crea hermosos problemas, y esa belleza se

1. Seurat murió, en efecto, a los treinta y un años, agotado por el intenso trabajo al que le obligaban sus ansias de perfección. *(N. del T.)*

hace con la cabeza y con las manos. Además, socialmente, es más puro que la pintura, porque no se puede ganar dinero con el ajedrez, ¿eh?».

Y, suponiendo que se pudiera, sin duda Duchamp no lo haría: ha expresado a menudo sentimientos antilucro que equivalen a una alergia a las finanzas («¡No! La pintura no debería convertirse en algo de moda. Empieza a lloverle dinero y más dinero y más dinero, y acaba convirtiéndose en una oficina de Wall Street»); desde luego, muy pocos detalles de su vivienda –en el cuarto piso de un edificio de piedra caliza de un tono rojizo sucio y lúgubre, sin ascensor, sito en una nada atractiva calle secundaria de Manhattan– insinúan niveles de limusina en la puerta; el apartamento, decorado en una especie de estilo pseudoartístico moderno propio de los años veinte, no ostenta nada que sea digno de especial mención, excepto un pequeño Matisse y un Miró de gran tamaño; como morada, ese piso dice que su inquilino es un hombre dueño de sí mismo, razonablemente libre y sin ningún compromiso con nadie. En el buzón del zaguán hay una placa deslucida cuyo contenido deja perplejo: «Matisse-Duchamp-Ernst». Y es que resulta que la actual señora Duchamp fue antes la señora Matisse, esposa de Pierre, hijo del gran pintor; en cuanto a lo de Ernst, la cosa viene de que el juvenilmente sonrosado y lustroso surrealista Max había sido inquilino del apartamento. El orden de los nombres, su jerarquía, como si dijéramos, parece un adecuado juicio artístico.

JEAN COCTEAU Y ANDRÉ GIDE

A André Gide, ese moralizador inmoral, un escritor dotado de sinceridad pero carente de imaginación, no le caía simpático Jean Cocteau, cuyos dones habían sido invertidos por las traviesas musas haciendo de él, como hombre y como artista, una criatura vastamente imaginativa pero vivazmente falsa. Es interesante, por eso, que Gide fuera el autor de la descripción más exacta, y por ende más comprensiva, del más anciano de nuestros niños terribles.

Gide escribe en su diario, en agosto de 1914: «Jean Cocteau quedó en encontrarse conmigo en un "salón de té inglés" en la esquina de la calle Ponthieu y la avenida de Antin. No sentí placer al volverle a ver, a pesar de su amabilidad extrema. Pero es incapaz de comportarse con seriedad, y sus pensamientos, sus agudezas, sus sensaciones, la extraordinaria brillantez de su conversación acostumbrada, me escandalizaron como un artículo de lujo en un período de hambre y dolor. Viste casi como un soldado, y el estímulo de los acontecimientos actuales le hace parecer más saludable. No ha renunciado a nada, simplemente ha dado un toque marcial a su vivacidad acostumbrada. Al referirse a la matanza de Mulhouse usa adjetivos divertidos y mímica; imita el clarín y el silbar de la metralla. Luego, cambiando de tema al darse cuenta de que no me divierte, dice sentirse triste. Quiere mostrar la misma tristeza que yo, y de pronto adopta mi estado de ánimo y me lo explica. Luego habla de Blanche, imita a la señora R. y habla de la dama que gritó en la escalera de la Cruz Roja: "¡Me prometieron cincuenta hombres heridos para esta mañana! ¡Quiero mis cincuenta heridos!". Mientras tanto desmigaja una porción de pastel de ciruela y come; su voz sube de repente, con extraños matices. Se ríe, se inclina hacia delante, hacia mí, me toca. Lo extraño es que me parece que sería un buen soldado. Él lo asegura, y agrega que sería valiente, también. Tiene la actitud despreocupada del pilluelo callejero. Cuando estoy con él me siento más torpe, más incapaz y más triste que nunca».

En la primavera de 1950, en la plaza de un pueblo siciliano donde Gide pasaba sus vacaciones (era el último año de su vida), tuvo otro encuentro con Cocteau, un encuentro de despedida del que el autor de estas notas fue testigo. Gide solía pasarse la mañana en la plaza, dormitando al sol. Permanecía sentado, bebiendo sorbos de agua salada de una botella recién traída del mar, inmóvil como un mandarín, envuelto en una invernal capa negra de lana y tocado con un sombrero de fieltro de alas anchas que sombreaba su rostro severo, como de arpía; era un ocioso ídolo-santo (en cierto sentido) a quien nadie dirigía la palabra y que no hablaba con nadie, exceptuando alguna conversación ocasional con cualquier Ganimedes del lugar que despertara su fantasía. Una mañana, Cocteau entró caminando lentamente en la plaza haciendo girar su bastón y trató de interrumpir los ensueños de *Il Vecchio* (como los *ragazzi* del lugar llamaban al distinguido octogenario). Habían pasado treinta y cinco años desde el té durante la guerra, pero sin embargo nada había cambiado en la actitud de cada uno de los dos hombres hacia el otro. Cocteau seguía mostrándose ansioso por agradar, seguía siendo la bailarina libélula en cuyas alas se reflejaba el arco iris, una libélula que invitaba al sapo no solo a que la admirara sino incluso quizá a que la devorara. Bailaba a su alrededor, y su alborozado retintín le hacía la competencia a la música de las campanillas de los carros tirados por burros que pasaban junto a ellos, desparramaba rayos de amargo ingenio que picaban como el sol de Sicilia, parecía expandirse, se entusiasmaba y acariciaba la rodilla del anciano, le cogía las manos, le estrujaba los hombros, le besaba las apergaminadas mejillas mongólicas, pero era en vano, nada despertaba a *Il Vecchio*: parecía que se le revolviera el estómago solo de pensar en digerir un forraje de tan caprichosos colores, así que continuó siendo un sapo inapetente sentado en medio de un matorral espinoso hasta que, por fin, se dignó croar: «¡Estate quieto! ¡Echas a perder la vista!».

Y era verdad: Cocteau estaba echando a perder la vista. Algo que viene haciendo desde su debut como joven prodigio que fumaba opio a los diecisiete años. Durante más de cuatro décadas este eterno pilluelo ha dirigido un vodevil para que todos se diviertan, con numerosos y centelleantes cambios de atavío: poeta, novelista, dramaturgo, periodista, diseñador, pintor, inventor de ballets, cineasta, conversador profesional... La mayoría de estos trajes le han sentado bien, y vistiendo algunos de ellos ha estado incluso brillante. Pero ha sido en su papel de agente catalizador en el que ha dado más de sí: como introductor y propagandista de las ideas y talentos de otros hombres, desde Radiguet hasta

Genet, desde Satie hasta Auric, desde Picasso hasta Bérard, desde Worth hasta Dior. Cocteau ha vivido completamente dentro de su época y, más que nadie, ha formado el gusto francés en el siglo actual. Es esta relación de Cocteau con su propia época, su preocupación exclusiva por lo moderno, lo que constituía la raíz de la aversión de *Il Vecchio*. «Yo no pretendo ser de mi época, pretendo desbordarla», era la ambición declarada de Gide. Y una ambición loable, en verdad. Pero ¿no es posible que un hombre que ha dado tanta vida a nuestro hoy pueda, si no desbordar su época, por lo menos gotear en el mañana de alguien?

MAE WEST

Érase una vez un joven iconoclasta muy relacionado a quien se le ocurrió dar un té inusitado. Era en honor de la señorita Mae West, que por aquel entonces actuaba en un club nocturno de Manhattan. Invitó a Dame Edith Sitwell para que sirviera el té, tarea que ella, eterna devota de lo *outré*, aceptó. La flor y nata de la buena sociedad neoyorquina, deslumbrada ante la perspectiva de un encuentro entre dos damas de una distinción tan dispar, buscaba como fuera ser invitada.

–Querido –le dijeron al joven, felicitándole por anticipado–, va a ser lo más *camp* de la temporada.

Pero... todo salió al revés. A las cuatro, Dame Edith, alegando laringitis, telefoneó para excusar su ausencia. A las seis, cuando la fiesta estaba por la mitad, parecía que la señorita West también los iba a desilusionar. Algunos invitados murmuraban que todo era un engaño. A las siete el anfitrión se retiró a una habitación privada. Diez minutos después llegó la invitada de honor, y los que quedaban en la reunión no se arrepintieron de haber esperado. No se arrepintieron, pero quedaron extrañamente confundidos. No faltaba ninguno de los detalles familiares: la rubia peluca, los ojos como cimitarras con pestañas largas como espadas, la piel blanca, blanca como la boca de una víbora mocasín, el cuerpo, ese Big Ben de los relojes de arena, ese sueño de tantos presidiarios... No faltaba nada, excepto la señorita West.

Porque aquella no era la verdadera Mae. Sin embargo, era la señorita West: una mujer insegura, tímida y vulnerable, una mujer virginal, inclasificable, cuyo retraso muy bien hubiera podido deberse a que se había quedado plantada en la calle tratando de reunir ánimos para llamar al timbre. Mientras uno observaba la sonrisa que como inquieta luciérnaga parecía ir a posarse en sus labios pero no terminaba de hacerlo, mientras la escuchaba susurrar roncamente «Encantada de conocerlo» para inmediatamente, como si no se animara a continuar, abandonar cualquier posible conversación antes de iniciarla, resultaba evidente que su yo teatral, en su etérea y absoluta totalidad, no era más que un *tour de force*. Fuera del reino protector de su hilarante creación, aquel símbolo asexuado de sexualidad desinhibida no tenía defensas: sus largas pestañas se agitaban como las antenas de un escarabajo panza arriba.

En una sola oportunidad afloró la Mae más dura. Sucedió cuando una emocionada jovencita se acercó a la actriz y le dijo:

–Vi *Diamond Lil* la semana pasada: es maravillosa.

–¿La viste, querida? ¿Dónde la viste?

–En el museo. En el Museo de Arte Moderno.

Y una acongojada señorita West, refugiándose en la estilizada pronunciación lenta que ella misma ha inventado y tan famosa la ha hecho, preguntó:

–¿Qué quieres decir, querida? ¿Qué es eso de un museo?

LOUIS ARMSTRONG

Seguramente, Satch no lo recuerda, pero fue uno de los primeros amigos del autor de estas notas. Le conocí cuando tenía cuatro años, es decir, alrededor de 1928, y él, un Buda moreno, robusto y beligerantemente feliz, tocaba a bordo de un vapor de ruedas que hacía excursiones entre Nueva Orleans y St. Louis. No viene a cuento por qué, pero el caso es que yo hacía aquel viaje muy a menudo, y para mí la dulce iracundia de la trompeta de Armstrong, la exuberancia de sus muecas, su carraspera, son como la magdalena de Proust, hacen que las lunas sobre el Mississippi vuelvan a brillar, evocan las luces fangosas de los pueblos junto al río y el sonido, como bostezos de caimanes, de las sirenas fluviales; vuelvo a escuchar el bramido del río mulato y oigo, siempre, el compás que marca el pie del Buda sonriente mientras se adentra en «The Sunny Side of the Street», y veo las parejas de recién casados en viaje de novios, ofuscados por el whisky de contrabando, sudando a pesar del talco, bailando en el salón del barco. Satch fue bueno conmigo, me dijo que tenía talento, que debería actuar en espectáculos de vodevil. Me dio un bastón de bambú y un sombrero de paja con una cinta verde, y todas las noches anunciaba desde la tarima de la orquesta: «Damas y caballeros, ahora voy a presentarles a uno de los niños más guapos de los Estados Unidos, que bailará claqué». Después pasaba entre los pasajeros, que me llenaban el sombrero de monedas. Esto sucedió todo el verano. Me volví rico y engreído. Pero en octubre el río embraveció, la luna palideció, los clientes disminuyeron, los viajes terminaron, y con ellos mi carrera. Seis años después, cuando estaba interno en una escuela de la que quería escaparme, le escribí a mi exbenefactor, entonces ya famoso, preguntándole si, en el caso de que fuera a Nueva York, podría conseguirme un empleo en el Cotton Club o en cualquier otra parte. No hubo respuesta; a lo mejor no recibió la carta. No importa. Yo seguía queriéndole. Todavía le quiero.

HUMPHREY BOGART

Si uno escucha atentamente el vocabulario de cualquier persona, se dará cuenta de que se repiten ciertas palabras que son como claves de su personalidad. En el caso de Bogart, cuyo mordaz diccionario personal resulta absolutamente imposible de publicar, dos de esos hitos verbales eran «inepto» y «profesional». Dado que era un hombre muy moral (exagerando un poco podría decirse que era «remilgado»), empleaba «profesional» como medalla de platino para ser otorgada a las personas cuyo comportamiento él aprobaba. «Inepto», lo contrario de un espaldarazo, significaba, en él, un disgusto casi lacerante. «Mi viejo», dijo en cierta ocasión refiriéndose a su padre, que había sido un respetable médico de Nueva York, «murió con una deuda de diez mil dólares, y yo tuve que pagar hasta el último centavo. Un tipo que no provee de lo necesario a su mujer y sus hijos, es un inepto.» Ineptos eran también los hombres infieles a sus mujeres y los que estafaban a Hacienda, todos los quejicas y los chismosos, la mayoría de los políticos y de los escritores, las mujeres que bebían y las mujeres que despreciaban a los hombres que bebían. Pero el inepto más inepto era el hombre que no sabía hacer su trabajo, que no era, con el estilo más meticuloso, un «profesional» de aquello a lo que se dedicaba. Dios sabe bien que él lo fue. No importa que jugara al póquer hasta el amanecer y tomara coñac como desayuno: siempre llegaba a la hora al estudio, arreglado y sabiéndose a la perfección el papel que interpretaba (que era siempre el mismo, por supuesto, aunque no hay nada más difícil que seguir despertando interés a pesar de repetirse). No, Bogart nunca tuvo ni un ápice de inepto. Fue un actor sin teorías (bueno, tenía una: que debía cobrar mucho) y sin mal genio, aunque no desprovisto de temperamento, y como comprendía que la supervivencia artística depende de la disciplina, permanece, ha dejado la huella de su paso.

Nacido en 1885, era un chico de Idaho. Fue maestro de escuela. Le echaron por ser «demasiado del estilo del Barrio Latino». Pronto buscó solaz entre almas gemelas en el extranjero. A los veintitrés años, mientras pasaba hambre en Venecia, donde solo comía patatas, publicó *A Lume Spento*, su primer poemario, que fue el inicio de una intensa amistad con Yeats, que escribió de él: «Tiene una naturaleza áspera y testaruda, y siempre está hiriendo los sentimientos de las personas, pero creo que tiene genio y una gran buena voluntad». ¡Decir que tenía buena voluntad es poco!: entre 1909 y 1920 en Londres, donde vivió primero, y luego en París, promovió continuamente las carreras de los demás (fue a Pound a quien Eliot dedicó *The Wasteland*; fue Pound quien reunió el dinero que permitió a Joyce completar el *Ulysses*). Su generosidad en ese sentido es tan grande que incluso Hemingway, que no siempre está dispuesto a celebrar la bondad de los demás, lo reconoció: «Así que, hasta ahora», escribió en 1925, «resulta que Pound, el gran poeta, dedica, digamos, una quinta parte de su tiempo a su poesía. Emplea el resto en tratar de mejorar la suerte, tanto material como artística, de sus amigos. Los defiende cuando son atacados, hace que las revistas publiquen obras suyas y los saca de la cárcel. Les presta dinero. Vende sus cuadros. Les organiza conciertos. Escribe artículos sobre ellos. Les presenta a mujeres ricas. Hace que los editores acepten sus libros. Los acompaña toda la noche cuando aseguran que se están muriendo y firma como testigo sus testamentos.

Les adelanta los gastos de hospital y los disuade de suicidarse. Y al final algunos de ellos se contienen para no acuchillarse a la primera oportunidad».

No obstante, se las arregló para publicar opúsculos de un modo regular, para lanzar sus sonoros *Cantos* («la epopeya de las andanzas de una mente literaria», como los definió Marianne Moore dando muestras de su acostumbrada exactitud) y para intentar, con seriedad, aunque infructuosamente, experimentar con la escultura y la pintura. Pero fue el estudio de la economía lo que llegó a acaparar todo su interés («La historia que omite la economía es palabrería inútil»). Fue adquiriendo ideas muy extrañas acerca de este tema, y fueron algunas de ellas las que provocaron su ruina: en 1939, cuando ya llevaba mucho tiempo siendo italianófilo y admirador de Mussolini, empezó a transmitir por radio Roma una serie de discursos de corte fascista que culminaron en su acusación y procesamiento como traidor a los Estados Unidos. Las unidades del ejército norteamericano que invadía Italia le apresaron en 1945. Durante varias semanas, como si hubiera sido una bestia sarnosa y rabiosa digna de un zoológico, le tuvieron encerrado en una jaula al aire libre en Pisa. Unos meses después, en la víspera de su juicio por traición, fue declarado loco, cosa que puede ocurrirle a cualquier poeta en su sano juicio artístico. Y por ello pasó los siguientes doce años encerrado en el Hospital St. Elizabeth, en Washington. Durante su encierro publicó *The Pisan Cantos* y ganó el premio Bollingen, recompensa severamente criticada en los ambientes reaccionarios.

Sin embargo, un lluvioso día de abril de 1958, Pound, ya un viejo de setenta y dos años, con su otrora centelleante barba de color ceniza y su rostro de santo y sátiro marcado por arrugas que narraban una historia de pesadumbres, se puso de pie en Washington frente a un juez, un tal Bolitha J. Laws, y oyó que se le declaraba «loco incurable». Incurable, pero lo suficientemente «inofensivo» para quedar en libertad. Y entonces Pound anunció: «Cualquier hombre que soporte vivir en Estados Unidos está loco», y se preparó para irse a Italia.

Unos días antes de partir le hicieron fotografías. Mantenía cerrados los ojos arrogantes y burlones mientras cantaba trozos de canciones sin sentido y se paseaba como si todavía estuviera encerrado en su jaula pisana; o, más bien, en una jaula que había llegado a ser la propia vida.

SOMERSET MAUGHAM

Dice el joven y porfiado Holden Caulfield, el Huckleberry Finn de la zona alta de Park Avenue que narra *El guardián entre el centeno* de J. D. Salinger: «Los libros que de verdad me gustan son esos que cuando acabas de leerlos piensas que ojalá el autor fuera muy amigo tuyo para poder llamarle por teléfono cuando quisieras. Por ejemplo, *Servidumbre humana*, de Somerset Maugham... Pero nunca se me ocurriría llamar a Somerset Maugham por teléfono. No sé, no me apetecería hablar con él. Preferiría llamar a Thomas Hardy.

Esa protagonista suya, Eustacia Vye, me encanta». Pues bien, el bueno de Holden no va mal encaminado..., pero se equivoca. A Maugham no le gusta que le telefoneen, le gusta que le lean; y a pesar de que su prosa es repulsivamente impersonal y demasiado transparente y sentimental para conseguir entusiasmar al lector, logra su propósito: hace muy poco una empresa de auditorías calculó que Maugham ingresa en concepto de derechos de autor treinta y dos dólares por minuto. Lo cual no significa necesariamente que sea un buen escritor, aunque lo es. Si Holden fuera un aprendiz de escritor, haría muy bien en telefonear al viejo; podría aprender mucho, porque son pocos los que hoy día controlan las taimadas reglas de la construcción de la trama de forma más rigurosa, y es recomendable conocer estas reglas, especialmente si, como les ocurre a muchos aprendices, se pretende desmantelarlas.

A lo largo de los últimos veinte años el señor Maugham ha hecho más apariciones de despedida que Sir Harry Lauder;[1] cada nuevo libro se anuncia como su canto del cisne; y actualmente, a sus ochenta y cinco años, no deja de amenazar con embarcarse en la postrera y más eminente experiencia. Si tiene que emprender el viaje, a nosotros solo nos queda reunirnos en el muelle y, agradecidos por lo mucho que nos ha hecho disfrutar, desearle con todo cariño *bon voyage*.

1. Sir Harry Lauder (1870-1950), cantante cómico escocés que gozó de gran popularidad en la escena londinense y en los Estados Unidos. *(N. del T.)*

Rungsted es una ciudad junto al mar, en la carretera costera entre Copenhague y Elsinore. Para los viajeros del siglo XVIII esta aldea, en otros sentidos poco distinguida, era bien conocida por su posada. La posada, aunque ya no sirve a los cocheros y a los pasajeros que transportaban, sigue siendo famosa: es el hogar de la primera ciudadana de Rungsted, la baronesa Blixen, alias Isak Dinesen, alias Pierre Andrézel.

La baronesa, que pesa como una pluma y es tan frágil como un puñado de conchas, recibe a sus visitantes en un salón amplio y resplandeciente, salpicado de perros dormidos y calentado por una chimenea y una estufa de porcelana; en el salón, como creación imponente surgida de uno de sus propios cuentos góticos, está sentada ella, cubierta de peludas pieles de lobo y tweeds británicos, con botas de piel, medias de lana en sus piernas, delgadas como los muslos de un hortelano, y frágiles bufandas color lila rodeando su redondo cuello, que un anillo sería capaz de abarcar. El tiempo ha refinado a esta leyenda que ha vivido las aventuras de un hombre con nervios de acero: ha matado leones que embestían y búfalos enfurecidos, ha trabajado en una granja africana, ha sobrevolado el Kilimanjaro en los primeros aviones, tan peligrosos, ha curado a los masái. El tiempo la ha reducido a una esencia, igual que una uva se convierte en pasa o una rosa en perfume. Inmediatamente, aun en el caso de que uno no conozca su pasado, se da cuenta de que es la *vraie chose*, todo un personaje. Un rostro tan facetado, cuyos prismas desprenden un orgulloso centelleo de inteligencia y educada compasión, es decir, de sabiduría, no puede ser una ocurrencia accidental. Tampoco esos ojos, con kohl en los párpados, profundos, como animales de terciopelo acurrucados en una cueva, son posesión de mujeres comunes.

A los visitantes a quienes invita a tomar el té, la baronesa les sirve una merienda muy completa: primero jerez, y después tostadas, mermeladas surtidas, paté, hígado a la parrilla, crepes con gusto a naranja. Pero la anfitriona no comparte la comida, no está bien, no come nada, nada en absoluto, oh, tal vez una ostra, una fresa, una copa de champán. En lugar de comer, habla, y como todas las artistas, y por cierto todas las antiguas beldades, es lo suficientemente egocéntrica para disfrutar de sí misma como tema de conversación.

Sus labios, con un leve toque de pintura, se tuercen en una sonrisa oblicua de contorno más bien paralítico, y en un inglés rico en inflexiones británicas, dice: «Ah, sí, esta posada podría contar una infinidad de historias. Pertenecía a mi hermano, se la compré. *Last Tales* pagó el último plazo. Ahora es mía, absolutamente. Tengo planes para ella, para cuando muera. Será un refugio de pájaros, el parque, todo el terreno, un santuario para los pájaros. Durante los años que pasé en África, cuando tenía mi granja en las montañas, nunca me imaginé que volvería a vivir en Dinamarca. Cuando supe que iba a perder la granja, cuando estuve segura de que no podría conservarla, empecé a escribir los cuentos: para olvidar lo insoportable. Durante la guerra, también. La casa era una estación en el camino de los judíos que escapaban a Suecia. Había judíos en la cocina y nazis en el jardín. Tenía que escribir para no volverme loca, y escribí *The Angelic Avengers*, que no es una parábola política, aunque me pareció divertido que tantísima gente pensara que sí. Hombres extraordinarios, los nazis. A menudo discutía con ellos, les contestaba con rudeza. Oh, no piense que quiero parecer valiente. No arriesgaba nada: formaban una sociedad tan masculina, que no les importaba lo que pensara una mujer. ¿Otro panecillo? Por favor, sírvase. Disfruto viendo comer. Hoy esperaba al cartero. Esperaba que me trajera un nuevo paquete de libros. Leo tan rápidamente, que me es difícil estar abastecida. Lo que le pido al arte es atmósfera, ambiente. Algo que escasea en el menú de hoy. Nunca me canso de los libros que me gustan, puedo leerlos veinte veces. Puedo, y lo he hecho. *El rey Lear*. Siempre juzgo a una persona según su opinión sobre *El rey Lear*. Naturalmente, uno quiere una página nueva, un rostro diferente. Tengo un talento especial para la amistad; con lo que más disfruto es con mis amigos: moverme, salir, conocer nuevas personas y ganármelas».

La baronesa, en verdad, se mueve periódicamente. Se apoya sobre el brazo afectuoso de la señorita Clara Svendsen, patéticamente alegre, que es, desde hace años, su secretaria y compañera («¡La buena de Clara! Al principio la contraté como cocinera. Después de tres comidas espantosas, la llamé a capítulo: "Querida mía, eres una impostora. ¡Dime la verdad!". Lloró, y me contó que era maestra, del norte de Dinamarca, y estaba enamorada de mis libros. Un día leyó un anuncio en el que pedía una cocinera. Así que vino, dispuesta a quedarse. Como no sabía cocinar, decidimos que sería mi secretaria. Lamento la decisión terriblemente. Clara es una horrenda tirana»). Juntas se van a Roma o a Londres, generalmente en barco («En los aviones no se viaja; sencillamente, te transportan, como si fueras un paquete»). En enero pasado, el invierno de 1959, viajó por primera vez a los Estados Unidos, un país al que está muy agradecida porque le dio su primer editor y su primer público de lectores. Su recepción fue comparable a la de Jenny Lind;[1] por lo menos, superó a la de cualquier personaje de la literatura desde Dickens y Shaw. Apareció en televisión, la revista *Life* le dedicó su portada, la única lectura pública de su obra programada se convirtió en una maratón de sesiones de lectura cuyas entradas incluso llegaron a revenderse y que culminaban con prolongadas ovaciones del público puesto en pie, y nadie, nadie, ha sido huésped de honor de mayor número de fiestas de homenaje. («Fue delicioso. Nueva York: ¡ah! Allí sí que suceden cosas. Almuerzos y cenas, champán, champán. ¡Todos fueron tan amables! Cuando llegué pesaba cuarenta y cinco kilos, y cuando regresé, cuarenta. Los médicos no sabían cómo seguía viva, insistían en que aquello podía haberme matado, pero ¡bah!, eso lo sé desde hace años. La muerte es mi novio más antiguo. No, sobrevivimos, y Clara... Clara engordó seis kilos.») Su aceptación de la edad y sus consecuencias no es estoicamente definitiva. Se entrometen notas de sana esperanza: «Quiero ter-

1. Johanna Maria Lind (1820-1887). Soprano británica nacida en Suecia. *(N. del T.)*

minar un libro, quiero ver las frutas del verano próximo, volver a Roma, ver a Gielgud en Stratford, quizá volver a los Estados Unidos. Aunque solo sea eso. ¿Por qué soy tan débil?», pregunta, tirando de su bufanda lila con su mano morena y huesuda, y la pregunta, acompañada por las campanadas del reloj de la repisa de la chimenea y de una palabra susurrada por la señorita Svendsen, invita al huésped a que se retire para que la baronesa pueda dormitar en un diván junto al fuego.

Cuando el visitante se va, es posible que le den un ejemplar de su libro favorito («Porque trata de cosas reales»), el hermoso *Lejos de África*. Un recuerdo que lleva la dedicatoria «*Je repondrai*, Karen Blixen».

–*Je repondrai* –explica, de pie en la puerta, mientras, como despedida, ofrece la mejilla para que se la besen–, yo responderé, un hermoso lema. Lo tomé prestado de la familia Finch-Hatton. Me gusta porque creo que todos tenemos una respuesta en nosotros.

Su respuesta ha sido sí a la vida, una afirmación de la que se hace eco su arte con un eco que despertará nuevos ecos.

NOTA SOBRE LA TRADUCCIÓN

Los textos «Elizabeth Taylor», «Recordando a Tennessee», «Richard Avedon», «John Huston», «Charlie Chaplin», «Un grupo de cisnes», «Pablo Picasso», «Coco Chanel», «Marcel Duchamp» y «Somerset Maugham» han sido traducidos por Mauricio Bach.

«El duque en sus dominios», «Jane Bowles», «Cecil Beaton», «Jean Cocteau y André Gide», «Mae West», «Louis Armstrong», «Humphrey Bogart», «Ezra Pound» e «Isak Dinesen» han sido traducidos por Francesc Roca.

La traducción de «Una adorable criatura» es de Benito Gómez Ibáñez.

ÍNDICE